The
Devil's Grinder

Moara Dracilor

T0307881

Mircea Ionescu-Quintus

On the author's life and his achievements,
see the Biography on page 149 | [Despre viața autorului
și realizările sale, vezi Biografia de la pagina 149.

The
Devil's Grinder

Moara Dracilor

Mircea Ionescu-Quintus

Translated by | Traducere de
Paula and Cyrus Console-Şoican

PARMENIDES
PUBLISHING

Las Vegas | Zurich | Athens

PARMENIDES PUBLISHING
Las Vegas | Zurich | Athens

© 2013 Parmenides Publishing
All rights reserved.

First published in Romanian as *Moara Dracilor*
in 1999 by Editura Ion Creangă S.A.

This dual-language edition published in 2013 by Parmenides Publishing
in the United States of America, with a new Foreword, a new Preface by
the author, a new About the Translators, seven additional Poems, three
new Illustrations, and a new author Biography.

The "Map of Romanian Gulags" (Harta Gulagului Românesc) is used
here by courtesy of the Civic Academy Foundation - The Memorial to the
Victims of Communism and to the Resistance - International Center for
Study about Communism / Sighet-Bucharest.

ISBN soft cover: 978-1-930972-81-0
ISBN e-Book: 978-1-930972-82-7

Library of Congress Cataloging-in-Publication Data

Ionescu-Quintus, Mircea.
  The devil's grinder = Moara dracilor / Mircea Ionescu-Quintus ;
translated by/traducere de Cyrus and Paula Console-Șoican.
      pages cm
  Summary: "First published in Romanian as *Moara Dracilor* in 1999 by
Editura Ion Creangă S.A. This dual-language edition [is] published . . .
with a new Foreword, a new Preface by the author, a new About the
Translators, seven additional Poems, three new Illustrations, and a new
author Biography"-- Title page verso.
  A bilingual edition with text in English and Romanian.
  ISBN 978-1-930972-81-0 (pbk.) -- ISBN 978-1-930972-82-7 (e-book)
1. Ionescu-Quintus, Mircea--Translations into English. 2. Political
prisoners--Poetry. I. Console-Șoican, Cyrus, translator. II. Console-Șoican,
Paula, translator. III. Ionescu-Quintus, Mircea. Poems. Selections. IV.
Ionescu-Quintus, Mircea. Poems. Selections. English. V. Title. VI. Title:
Moara dracilor.
  PC840.19.O555A2 2013
  859'.134080358498031--dc23
                    2013009333

www.parmenides.com

Contents | *Cuprins*

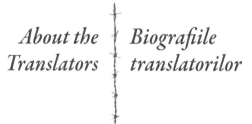

About the
Translators

Biografiile
translatorilor

Biografiile translatorilor

Paula Console-Șoican este lector în Departamentul de engleză al Universității Kansas (University of Kansas), unde își completează teza de doctorat pe tema "literatură și exil". Deține un Master în engleză obținut în 2006 la Emporia State University, unde și-a publicat teza cu titlul: Confessions of a Justified Postmodern" („Confesiunile unui postmodernist justificat").

Cyrus Console-Șoican este autorul a două cărți de poezii: *Brief Under Water* (Burning Deck, 2008) și *The Odicy* (Omnidawn, 2011). Deține unul din prestigioasele premii naționale Fund for Poetry și este câștigătorul premiilor the Ana Damjanov Prize, the Victor Contoski Prize, și the William Herbert Carruth Prize. Poemele sale au apărut in reviste literare precum *Boston Review, Critical Quarterly, Lana Turner A Journal of Poetry and Opinion, No: a journal of the arts*, și *The Seattle Review*. Cyrus Console-Șoican este profesor de creative writing la Institutul de Arte din Kansas City (Kansas City Art Institute).

About the Translators

Paula Console-Șoican is Lecturer in the Department of English at the University of Kansas, where she is completing a doctoral dissertation on literature and the politics of exile. She holds a Master of Arts from Emporia State University, where she wrote a thesis with the title "Confessions of A Justified Postmodern."

Cyrus Console-Șoican's books of poetry include *Brief Under Water* (Burning Deck, 2008), and *The Odicy* (Omnidawn, 2011). His recent work has appeared in *Boston Review, Critical Quarterly, Lana Turner: A Journal of Poetry and Opinion, No: a journal of the arts,* and *The Seattle Review.* Winner of a Fund for Poetry award, the Ana Damjanov Prize, the Victor Contoski Prize, and the William Herbert Carruth Prize, he is Assistant Professor of Creative Writing at the Kansas City Art Institute.

Foreword | *Introducere*

Introducere

Mircea Ionescu-Quintus a fost arestat în noaptea Adormirii Maicii Domnului, 15 august 1952 și a petrecut optsprezece luni în lagărul Canal Dunăre-Marea Neagră, supus la foamete, izolare, și muncă silnică. „Moara Dracilor" este rezultatul spiritual și estetic al acestor întâmplări și al turbulențelor din România anilor 1950, o perioadă istorică ce a marcat trecerea țării de la monarhie la comunism de factură stalinistă.

Se spune că abdicarea dramatică a regelui Mihai I din decembrie 1947 sub presiunea armatelor sovietice de ocupație a culminat cu participarea lui Gheorghe Gheorghiu-Dej, care a pus pistolul la capul regelui amenințând cu împușcarea dacă acesta nu renunță la tron. În primele zile ale anului 1948, Gheorghiu-Dej a devenit secretar general și președinte al Partidului Comunist, fiind aliat al Uniunii Sovietice dar și partener economic cu vestul occidental. Aceast tip de politică – o parodiere a politicii lui Stalin in tandem cu reînnoirea legăturilor

Foreword

Mircea Ionescu-Quintus was arrested on the night of the Assumption, August 15, 1952, and spent eighteen months in the camps at the Danube–Black Sea Canal, subjected to starvation, seclusion, and hard labor. *The Devil's Grinder* is the spiritual and aesthetic product of this experience and of the turbulent years of the 1950s in Romania, a historical period that saw the transition from monarchy to Stalinist communism.

The dramatic abdication of King Michael to the Soviet armies of occupation on December 30, 1947 is said to have been brought to its conclusion by Gheorghe Gheorghiu-Dej (who, one story goes, personally drew a gun, placed it against the defeated King's head, and threatened to kill him if the latter wouldn't give up his throne). In the early days of 1948, Gheorghiu-Dej became General Secretary and head of the Communist Party, a close ally of Soviet Russia but also an economic partner of the West. The charade of Stalin's rule and the

comerciale cu vestul, în special Statele Unite, a fost o formă de guvernare ineptă cu consecințe dezastroase.

În conducerea lui Gheorghiu-Dej, măsurile represive impuse de regimul stalinist au rămas complet neschimbate chiar și după moartea lui Stalin și după preluarea conducerii de către Nikita Hrușciov, un reformist, iar nenumăratele încălcări ale dreptului omului au rămas nedocumentate atât în România cât și în restul lumii. În manieră tipic Stalinistă, guvernul lui Gheorghe Gheorghiu-Dej a comis cele mai groaznice crime împotriva activiștilor politici și a dizidenților, care, umplând până la refuz cele câteva lagăre de munca silnică din România, au suferit torturi, umiliri, și cruntă muncă manuală. Canalul Dunăre-Marea Neagră a devenit cel mai mare și mai greu loc de munca silnică (proiectul fusese inițiat cu aproape un secol înainte ca Gheorghiu-Dej să preia puterea, dar fiind extravagant și scump, a fost abandonat până ce a devenit folositor rușilor, devenind totodată și pretext pentru stabilirea gulagurilor în România). Din miile de prizonieri care au trecut prin șantierele de la Canal – țărani, scriitori, preoți, călugări, profesori, doctori, avocați, arhitecți, printre mulți alții – Mircea Ionescu-Quintus este unul din puținii care au supraviețuit.

Născut în 1917 într-o familie cu adânci rădăcini intelectuale – tatăl lui a fost avocat și șef liberal – Mircea

redoubled economic ties with the West, especially the US, was a political stance that led to a most inept leadership, as the following years would show.

During his time, repression policies imposed by the Russian regime were left unamended even after Stalin's death and in the face of Nikita Khrushchev's reforms, and human rights abuses went unrecorded both in Romania and throughout the rest of the world. In typical Stalinist fashion, Gheorghiu-Dej's establishment committed its worst crimes against political activists and dissidents, who, crowding the few labor camps Romania had, suffered torture, humiliation, and excruciating manual labor. The Danube–Black Sea Canal became the biggest and harshest forced labor site (the project had been initiated almost a century before Gheorghiu-Dej came to power, but it was an extravagant and expensive idea and was abandoned until it became useful to the Russian bloc, and thus a pretext for the establishment of gulags). Of the many thousands of prisoners who passed through the camps at the Danube–Black Sea Canal—poor farmers, writers, priests, monks, teachers, doctors, lawyers, and architects, among many others—Ionescu-Quintus is one of the few who survived.

Born in 1917 to a family with strong intellectual roots—his father was a lawyer and a liberal leader—

Ionescu-Quintus a rămas martor la neliniştea politică din vremea sa cu mare grijă şi reţinere, până când două evenimente de însemnătate aparte l-au aruncat definitiv în viaţa politică: unul din ele a fost moartea tatălui său, iar celălalt, asasinarea mentorului său. De atunci, Ionescu-Quintus a trăit în continuu în atenţia publică şi a jucat un rol major în viaţa politică românească, la început ca membru al Tineretului Naţional Liberal şi apoi ca membru al Partidului Naţional Liberal, la cârma căruia a fost ales de mai multe ori în decursul timpului. La douăzeci şi unu de ani, a terminat facultatea de drept cu diploma în Legea Constituţională; s-a înrolat în armată şi a luptat pe fronturile de la Odesa, Basarabia şi pe cel rusesc. Când fost arestat, practica avocatura în Prahova, iar după ce a ieşit din închisoare s-a reîntors la aceeaşi meserie. Nu a revenit în viaţa politică decât după revoluţia din 1989, când a fost ales preşedinte al unuia dintre cele mai importante partide politice – Partidul Naţional Liberal – şi a devenit pe urmă senator şi preşedinte al Senatului. Cariera sa scriitoricească se întinde peste şaizeci de ani şi peste tot atâtea genuri literare.

Poezia lui Ionescu-Quintus îl confruntă pe translatorul în engleză cu două probleme importante. Limba romăna este după părerea oricărui lingvist anglofon cea mai grea limbă romanică – o limbă al cărei lung şi solitar traseu de-a lungul timpului îşi are originea în latina vulgară din jurul anului 270 AD când imperiul roman a cedat Dacia goţilor. Prin

Ionescu-Quintus witnessed the political unrest of the time with caution, until two crucial events pushed him into political life decisively: one was his father's death and the other, his mentor's assassination. He has lived in the public eye and played a major role in the Romanian political life since then, a member of the National Liberal Youth at first, and then of the National Liberal Party, which he chaired more than once, and for many years. At twenty-one, he graduated from college with a degree in Constitutional Law, then joined the military and fought in battles at Odessa, Bessarabia, and the Russian front. He was arrested in Prahova while practicing law and went back to practicing law after being released. He re-entered politics after the Romanian revolution of 1989, becoming president of one of the most important political parties—the National Liberal Party—then Senator, then President of the Senate. His literary works span six decades and as many genres.

His poetry poses two major challenges to the translator: the first general, the second particular. First, Romanian, as any anglophone linguist will inform you, is "the hardest Romance language," having begun its long solitary journey out of Vulgar Latin around 270 AD, when the Roman Empire abandoned Dacia to the Goths. By comparison, Spanish, Portuguese, French, and Italian would continue to evolve more or less together, alongside

comparație, spaniola, portugheza, franceza și italiana au continuat să evolueze mai mult sau mai puțin împreună cu latina imperială până în secolul al nouălea (în 813, Conciliul de la Tours a emis edictul prin care limba liturgică urma să fie de atunci încolo *rusticam linguam romanam*, și tot în acel an, Carol cel Plesuv și-a depus jurământul de încoronare la tronul Franței în *langue d'oil*).

Rezerva bogată de cuvinte împrumutate din franceză face posibilă o traducere intuitivă în engleză din oricare din aceste limbi romanice din vestul Europei; engleza duce lipsă însă de împrumuturi din română, unde, deși lexiconul provine în mare măsură din latină, limba a suferit modificări prin împrumuturi din slavă, turcă, sau greacă, pentru a da doar câteva exemple. De exemplu, pentru *iubire*, avem în latină, franceză, portugheză și spaniolă variații după *amor* (amour, amore, amor, etc.), în timp ce în română predominante sunt *dragoste* și *iubire*, cu etimologia în limba slavă.

Pentru a complica lucrurile și mai tare, poetul Ionescu-Quintus dă dovadă de o îndemânare uimitoare de a folosi româna atât în formele ei comune cât și în cele mai înalte registre literare, adeseori în aceeași poezie:

imperial Latin, until the ninth century, when the Council of Tours issued its edict that priests give their sermons in the vernacular (*in rusticam linguam romanam*), for example, or Charles the Bald and company swore the Strasbourg Oath in Langue d'oil.

Whereas English's large fund of French loanwords renders translation from these Western Romance languages relatively intuitive, it can bring no similar fund of cognates to bear against Romanian, whose lexicon, though it still comes primarily from Latin, borrows extensively from Slavic. Thus the nouns for love in Latin, Spanish, Portuguese, Italian, and French are *amor, amor, amor, amore,* and *amour*, respectively, whereas the Romanian is *iubire*.

One of the astonishing things about Ionescu-Quintus's writing is its capacity to range from the most plainspoken register to the most highly literary, often in a single short poem.

Grăbirea înceată

la ceas de amurg,

mai lungă îmi pare

pe drum pământiu

În timp ce „mai lungă îmi pare" este o expresie comună, tradusă simplu în engleză prin „seems longer to me," termeni precum *amurg* și *pământiu* nu îşi fac apariția atât de des în afara universului poetic. La rândul ei, engleza nu deține termeni echivalenți cu *amurg*: *crepuscule* este pretențios, *gloaming* este greoi, *golden* este mult prea cinematic. Translatorul ar fi tentat să folosească *dusky* dar, în mod ironic, cititorii contemporani de poezie în engleză vor considera termenul excesiv de poetic. *Pământiu* se referă în mod normal la culoarea pielii – pielea de pe față, mai exact – şi coincide în engleză cu *sallow* sau *livid*, cu toate că aceste adjective în engleza nu împărtăşesc metafora de *pământ* de care poezia depinde (*pământ*: „earth," „soil;" pavimentum *lat.*; „pavement," „floor," etc). Dacă această relație nu ar fi atât de importantă şi dacă diferența de culoare nu ar fi atât de mare, o aproximare posibilă ar fi *ashen road*; dar afinitățile dintre *ashen* şi *pământiu* se dizolvă şi dispar din cauza sensului concret de praf şi noroi pe care *pământiu* îl conține în română şi care lipseşte din englezescul *ashen*. În acest caz, dar şi ca regulă generală, noi am preferat echivalentul concret, un echivalent de bun simț, în defavoarea rezonanței abstracte.

The slow haste
of the twilight hour
appears much longer
from the earthen road

While *mai lungă îmi pare* probably represents the most standard, intuitive way to say "seems longer to me," the terms *amurg* and *pământiu* rarely appear outside of Romanian poetry. English offers few, if any, equivalents for *amurg*: "crepuscule" would be too fancy, "gloaming" too lush, "golden hour" too cinematic. The translator might achieve its dedicated poeticality with "dusky," but contemporary readers of poetry in English will experience such poeticality, ironically, as inappropriate to serious poetry. *Pământiu* typically refers to skin, to the skin of the face, functioning much like "sallow" or "livid," but these color terms lack the ground metaphor on which *pământiu* is based and on which connection the poem depends (*pământ*, "earth," "soil"; *pavimentum*, L. " pavement," "floor"). Were it not for this connection, and the significant difference in color, "ashen road" might be a nice approximation for *drum pământiu*. But these nicer affinities of "ashen" and *pământiu* compete against the more basic, concrete sense of dirt- or dirt-colored road. Here and as a general rule, we have preferred concrete, common-sense equivalence over more abstract resonance.

Această ultimă observație ne îndreaptă acum spre cel mai dificil aspect al traducerii. Motivul pentru care noi am dat întâietate concretului în defavoarea abstractului (și aici, poezia lui Ionescu-Quintus abundă în structuri subtile și sofisticate, corespondențe și aluzii pe care noi am încercat să le duplicăm pe cât am găsit posibil) este că răspunderea noastră și mai serioasă se adresează faptelor de bază și condițiilor cărora Ionescu-Quintus le-a fost martor: demnitate și umilință, suferință și euforie, îndoială și credință. Oricare dintre noi a oscilat la un moment dat sau altul pe această axă, la a cărei poli opuși se află sentimentele prezentate mai sus. Și totuși, mulți dintre noi își trăiesc viața în inocență, departe de aceste senzații extreme, departe de regiunea polară a tristeții și de cea a fericirii.

Căci cum ar putea niște translatori ca noi care erau doar copii când Ceaușescu a fost dat jos de la putere și care își cresc propriul lor copil în căldura casei menținută prin onorarii din scris și predat – cum am putea noi spera să retrăim și să traducem atrocitățile înscrise în „Moara Dracilor" și care fac parte din testimonialul lui Ionescu-Quintus? Nouă nu ne este groază - nu anul acesta cel puțin – de bătutul la ușă de la miezul nopții, de sosirea securiștilor, cei pe care Ionescu-Quintus îi descrie într-o remarcă menită să-i dea de gol spiritul de compasiune și generozitatea, ca „parând mai speriați decât noi." Nouă nu

The chief reason for this policy brings us to the second and deeper of the two challenges with which Ionescu-Quintus confronts the translator. The reason we have prioritized the concrete over the abstract—and this poetry is full of subtle, highly sophisticated structures of correspondence and allusion that we have attempted to duplicate wherever possible—is that our profounder responsibility is to the basic facts and conditions to which Ionescu-Quintus bears witness: dignity and humiliation, suffering and joy, doubt and faith. Every person has known these, every person has experienced movement along the axes of which they are the poles, yet many people will live out their lives more or less innocent of their extremes, never approaching the polar regions themselves.

How can translators like us, who were only children when Ceaușescu was put down, and who are raising our own child in a warm house maintained on the proceeds of writing and teaching—how can we hope to inhabit and thereby express the enormities which *The Devil's Grinder* is Ionescu-Quintus's testimony? We have no dread—not this year, at any rate—of the knock at the door in the middle of the night, the arrival of secret police like those which Ionescu-Quintus, in a remark that demonstrates characteristic compassion and generosity of spirit, describes as "seeming even more frightened than

ni s-a comandat niciodată să stăm ore în șir îngenunchiați în ploaie, așteptând să fim tunși ca pe niște oi, și nici nu am privit cum prietenii și colegii, prizonieri rași în cap, slăbesc, înfometând, murind.

Pentru cei mai mulți din generația noastră, gulagul nu e memorie vie ci clișeu. Aceasta este starea lucrurilor, adevărul în fața căruia noi simțim că trebuie să ne opunem, atât de dragul trecutului cât și de dragul viitorului. Cu un astfel de efort, vocile supraviețuitorilor, printre care și vocea lui Ionescu-Quintus, par a fi cea mai mare speranță a noastră și cea mai bună povață.

Dar cât anume pot aceste voci să ne spună din cele ce au văzut? Ce limbaj pot ele folosi ca să ne descrie lumea când, de fapt, întrebarea e nu ce limbaj avem în comun ci ce fel de lume?

„N-am să vă vorbesc/ despre nici unul dintre viteji" sunt primele rânduri din „Lecția de Istorie." „n-am să vorbesc/ despre necrezutele isprăvi,/ despre credința și despre suferințele lor." Tema poeziei – România din mijlocul secolului XX sub regim totalitar – este o meditație asupra cruzimii, nedreptății, o meditație bazată nu pe cunoaștere dobândită prin lecturi ci pe cunoaștere „înscrisă în sânge," ca cea a deținutului anonim din „La Jilava:"

ourselves." We have never been commanded to kneel for hours in the rain while a man moves through us with clipping shears, nor have we watched our shaven-headed friends and fellow prisoners weaken and die under forced labor on a starvation diet.

To our generation the gulag is a not a memory but a cliché. And this state of affairs it is our duty, both for the sake of the past and for that of the future, to resist. In such an effort it is the voices of survivors such as Ionescu-Quintus that would seem our best hope, our best counsel.

But what can they possibly say to us of what they have lived? What language can they use to describe the world to us? For it is not a question of what language we have in common, but of what world.

"*I will not speak to you / of any among the brave;*" begins "History Lesson." "*I will not speak / of their incredible deeds, / nor of their faith / nor of their suffering.*" As the poem reveals, the lesson in question—that of Romania at mid-century under totalitarian rule—is one of unspeakable cruelty, injustice, and oppression. It is knowledge not passed down through lectures but "scrawled in blood," like that of the anonymous prisoner in "At Jilava":

> *Citeam pe-un zid, cu sânge scris:*
> *„opt ani am stat aici închis"*
> *şi te vedeam, brav şi tăcut,*
> *smerite scrib necunoscut.*

În ambele poezii, subiectul principal este realitatea lucrurilor trăite şi suferite de prizonieri; în ambele poezii, cuvintele prizonierilor, poveştile lor, sunt doar un pic mai mult decât simplu indiciu – un număr la pontaj sau epitaf – pe suprafaţa aspră a faptelor, pe piatra impenetrabilă a celulei. De la un capăt la celălalt al cărţii, îşi fac simţită prezenţa piatra, cimentul, fierul şi apa îngheţată din care se materializează lagărele de concentrare. Deseori, prezenţa lor pare să pună capăt şi vorbei şi gândului şi speranţei.

> *Chilia mea, ciment şi fier,*
> *o boltă de mormânt,*
> *prin care nu străbate cer,*
> *sub care nu-i pământ.*

Totodată însă, poeziile din această colecţie invocă două forţe care încearcă şi care vor reuşi în cele din urmă să ţină piept figurii asupritoare a închisorii. Una este credinţa în Dumnezeu şi cealaltă este credinţa în omenire. Unul din cele mai emoţionante aspecte ale stilului cu care

I read on a wall, scrawled in blood:
"locked here for eight years,"
and saw you, brave and silent,
humble scribe unknown.

What both poems present as their central informa-
tion is the fact of the prisoners having lived and suffered,
and for both poems the prisoners' words, their stories,
serve as little more than a mark—a tally or epitaph—on
the harder surfaces of the fact, which in this case is the
impenetrable stone of the prison wall or tomb. Through-
out *The Devil's Grinder* appear the stone, the cement, the
iron, and the frigid water that formed the limits and the
material conditions of the labor camps. Often their pres-
ence seems to shut out speech, thought, or hope:

My hermitage, cement and iron
a vault for burial
unpierced by the sun
beneath which is no soil.

But the poems evoke two forces that work against,
and will evidently overcome the oppressive figure of the
prison: one is faith in God, and the other is faith in hu-
mankind. One of the most moving aspects of the way
Ionescu-Quintus treats these subjects is the frankness

Ionescu-Quintus tratează aceste subiecte este sinceritatea îndoielii; în „Temnicerul," de exemplu, poetul descrie o maimuță ce a învățat să vorbească dar care „n-a ajuns să fie om," sau în „Oamenii" poetul îl confruntă pe Creator astfel: *Doamne,/de ce pe unii oameni/nu i-ai plămădit/după chipul/Tău*? Poezii precum „Noapte de Bobotează" coboară și mai adânc în îndoială, descriind un Cristos a cărui cruce dispare ca un vis în frigul de dimineață, în timp ce versurile rigide din „Testament," „Psalm" și „Rost și reazem" reafirmă cu o fermitate sumbră credința. În general totuși, poeziile îl descriu pe Dumnezeu ca pe o sursă de eliberare și bucurie, iar pe omenire ca plină de iubire și de generozitate, aspirând spre aer și lumină spirituală.

Poeziile pentru Răzvan, în special, și „Romanță pentru Viorica-Ileana" evocă iubirea familială și dorul de casă, iar „Părintele Galeriu" ne arată că sfințenia poate să existe chiar și în mijlocul violenței și degradării. Dar credința poetului în Dumnezeu și încrederea lui în omenire se armonizează perfect în „Eliberare," unde poetul, ieșit din închisoare nu poate păși înainte fără a îmbrățișa o altă ființă umană.

of his doubt, as in "The Gaoler," which describes an ape that has learned to speak, "*but has yet / to become / HUMAN*" (or in "Man," which asks of the Creator "*why did you not mold / all men / in your / image?*"). Poems such as "Night of the Epiphany" descend further still into doubt, describing a god whose smile "congeals" on the funerary blooms of chrysanthemums, or a Christ whose cross vanishes like a dream in the morning cold. The rigid lines of "Testament," "Psalm," and "Rock and Foundation" assert a grimly determined faith. In general, however, the poems depict God as a source of liberation and joy, and humankind as loving and reaching outward and striving upward for spiritual air and light.

The poems to Răzvan, particularly, and "Romance for Viorica-Ileana" evoke heartrending familial love and longing, and "Father Galeriu" shows that holiness might exist even amid violence and degradation of the meanest order. But the writer's faith in God and his faith in humankind are perhaps most perfectly united in the aptly titled "Liberation." In this decisive poem, the speaker Ionescu-Quintus is discharged from prison but virtually unable to take a single step until he has the chance to embrace another human being:

Să-i strig, cât mă mai ține glasul,
că-s om și eu, că-s liber iar
și să îl rog să-mi poarte pasul
să îngenunchi la un altar.

Acolo, singur de mă lasă,
voi cuteza să mă închin
și-apoi să mă îndrept spre casă,
c-ai mei de-acuma știu că vin.

— Paula și Cyrus Console-Șoican
Kansas City, 2012

To shout to him at the top of my lungs
that I too am a man, am free again,
and to ask him that he guide my way
to an altar whereat I might pray.

There, alone if he would give me leave
I would dare to bow my head
and then bend my steps homeward
because by now they are expecting me.

— Paula and Cyrus Console-Şoican
Kansas City, 2012

Preface   *Cuvânt înainte*

Cuvânt înainte

Nu a fost în intenția mea și nici nu mi-am dorit cumva să dau publicității mărturiile adunate în această carte și—cu atat mai puțin să-mi fie traduse într-o altă limbă. Ele consemnau și aminteau cumplitele fapte și împrejurări de asuprire și de lipsire de libertate a popoarelor din răsăritul Europei, ca și a celui român, de către un regim politic tiranic și profund inuman, adus și instalat prin forța Armatei Roșii "eliberatoare"!

Vreme îndelungată am socotit că nu voi fi în stare să supraviețuiesc în condițiile infernale din lagărele Canalului Dunăre-Marea Neagră și de aceea am început să notez în memorie și pe frânturi de hârtie găsite prin gunoaie întâmplările ce trebuiau să fie cunoscute de către soția și fiul meu, ca și de toți cei de-afară.

Dumnezeu, credința și tinerețea m-au ajutat să rezist ani grei de suferință și să mă întorc acasă cu însemnările mele, hotărât să le feresc un timp de ochii lumii.

Preface

It never was my intention or desire to make public the confessions gathered in this book, nor did I envision them translated into another language. They were intended to record and to witness the gruesome acts of repression and totalitarian rule that Eastern European peoples, Romanians included, endured beneath the oppressive and profoundly inhuman political regime forcibly installed by the "liberating" Red Army.

For a long time I thought I would be unable to survive the hellish conditions in the labor camps at the Danube–Black Sea Canal, and therefore I began to record, by memory and on scraps of paper found in the trash, the facts that needed to be made known to my wife and son, and to all those on the outside.

God, faith and youth helped me persevere during long years of suffering and return home with my notes, which I decided to keep for a time from the eyes of the world.

După ani şi ani, revenind la viaţa obişnuită o dată cu înlăturarea orânduirii comunist-ceauşiste, întâlnindu-mă cu unii dintre "tovarăşii" de pătimire, aceştia m-au rugat stăruitor, cunoscându-mi însemările, să le public cinstind astfel memoria celor pieriţi între sârme, rugăminţi pe care le-am înţeles şi nu le puteam refuza, cum nici şi pe cele ale prietenilor Sara şi Arnold Hermann, atât de impresionaţi de cuprinsul cărţii mele.

Şi iată *Moara Dracilor* a apărut în România cu zece ani în urmă şi acum, într-o ediţie revăzută, corectată şi completată cu noi texte, apare în admirabila traducere a lui Paula şi Cyrus Console-Şoican cărora le mulţumesc şi le sunt recunoscător.

De ce "Moara Dracilor"?

Pentru că pe Santierul Peninsula Valea Neagră funcţiona un concasor imens pe care, noi condamnaţii, trebuia să-l alimentăm neîncetat cu pietrele mari şi foarte grele duse pe braţe. Lăcomia acestui mecanism de sfărâmare a pietrelor şi nevoia de a-l alimenta necontenit depăşea cu mult puterile noastre slăbite. Nici acum nu ştiu care dintre noi, poate chiar eu, l-am numit şi blestemat zicându-i: "ăsta e chiar o Moară a dracilor"! Aşa i-a rămas porecla, ca şi punctului de lucru pe şantier, unde se lucra disciplinar zi şi noapte câte 12 ore.

Many years later, the fall of Ceauşescu's regime made possible the return to a normal way of life, giving me a chance to reunite with many of my former "comrades" in suffering, who, knowing of my writings, insisted I publish them to honor the memory of those who perished "inside the wire." I understood this request, and could not refuse it any more than I could refuse that of my friends Sara and Arnold Hermann, who had been so moved by the contents of my book.

And so *The Devil's Grinder* came out in Romania ten years ago, and now a revised edition complete with new texts appears in the admirable translation of Paula and Cyrus Console-Şoican to whom I give grateful thanks.

Why "The Devil's Grinder?"

Because at the Peninsula Valea Neagra construction site there was an immense rock crusher that we prisoners had to feed continuously with large, heavy stones we carried in our arms. The voracity of this stone-crushing machine and its constant need to be fed often exceeded the capability of our weakened bodies. I still can't remember who among us—it may as well have been me—christened and cursed it, saying "this really is the Devil's Grinder!" That name stuck, and it became the name of the worksite we were assigned to, where we put in twelve-hour shifts of forced labor night and day.

Revenind la această carte, socotită de mulți un document memorial, am încercat să notez faptele așa cum s-au petrecut, uneori poetic, alteori cu repulsia osânditului pe nedrept, dar permanent cu păstrarea adevărului. Nici scriitorul, nici omul politic n-au influențat în vreun fel realitatea întâmplărilor, și așa de un dramatism cutremurător, căruia i-au căzut victime inocente zeci și zeci de mii de oameni vârstnici și bolnavi, secătuiți de puteri și vinovați doar că s-au împotrivit comunismului stalinist, păstrându-și demnitatea și speranța într-o viață liberă.

Am socotit că era necesar, cu ocazia traducerii ei, să revăd, să revizuiesc și să completez această ediție cu noi mărturii, cu o nouă așezare a textelor, cu un "Cuvânt înainte", pentru a oferi cititorilor străini posibilitatea de a afla și a înțelege întregul tragism al ocupației sovietice și al sacrificiilor suferite de poporul român.

Încă o dată doresc să aduc mulțumiri bunilor mei prieteni Sara și Arnold Hermann pentru inițiativa și prețioasa lor colaborare, precum și celor ce se vor strădui să iși macine timpul la *Moara Dracilor*.

Mircea Ionescu-Quintus
Ploiești, decembrie 2012

To return to the book, which many consider a testimonial document: I tried to write down the facts as they happened, sometimes in poetic form, other times with the loathing of a man unjustly punished, but always in service of the truth. Neither the writer nor the politician has in any way influenced the reality of what happened—and with harrowing drama, making innocent victims of many tens of thousands of the sick and elderly, rendered powerless, guilty only of having resisted Stalinist communism, who yet kept alive their own dignity and hope for a free life.

I considered it necessary, on the occasion of this translation, to revisit, revise, and expand this edition with new testimonies, new layout for the text, and a foreword, in order to give international readers the opportunity to discover and to understand the entire tragedy of Soviet occupation and of the sacrifices suffered by the Romanian people.

Once again, I would like to express my gratitude to my dear friends Sara and Arnold Hermann for their initiative and their valuable assistance, as well as to all those who will strive to make it through *The Devil's Grinder.*

Mircea Ionescu-Quintus
Ploieşti, December 2012

Poems | *Poezii*

Fiului

Din tot ce-am strâns,
la despărțire
îți las nădejdea
în dreptate,
un dor nestins
să-ți fie frate
și o fărâmă de iubire.

Nu-ți las
înşelătoare stele,
ce mângâie cu
raze lungi,
ci râvna
să ajungi
la ele.

Chiar dacă ştii
că n-ai s-ajungi!

For My Son

From what I gathered
on my departure
I leave you the dream
of justice,
an unquenchable yearning
may it be brother to you
and this bit of love.

I leave you not
the treacherous stars
that caress with
long rays,
but the resolve
to reach them

Even when you know
you won't!

Dor de libertate

Şi aşteptându-te
cu fiece zefir,
cu fiecare stea
pe cer aprinsă

spre tine
mâna mi-e
mereu întinsă,

cum orb
îşi întinsese mâna,
Lear.

Yearning For Freedom

And awaiting you
with every zephyr,
with every star
in the sky alight

toward you
with my hand I am
reaching always,

like that blind man
with outstretched hand,
Lear.

Câte chei

Câte chei, atâtea porţi,
oameni câţi, atâţia morţi;
câte lanţuri prinse-n mâini,
atâţi paznici, atâţi câini.

Câte surde suferinţe
tot atâtea biruinţe;
pentru dreptele zidiri,
câţi închişi, atâţi martiri,

câte nopţi, câte amiezi,
câte toamne şi zăpezi,
câte zile, ani şi luni,
nici că poţi să le aduni.

Câte străji, atâţia zmei,
câte porţi, atâtea chei.

As Many Keys

As many keys, so many gates;
As many men, so many deaths;
As many shackles binding hands,
So many guards, so many dogs.

As many mute sufferings,
just so many victories
for good works;
as many captives, so many martyrs,

So many nights, so many noons,
so many autumns and snows,
so many days, years and months,
that you can't count them.

As many sentinels, so many dragons;
as many gates, so many keys.

Siut Ghiol[1]

Undele au încremenit în marea căldare,
tac escavatoarele şi nu mai sapă,
luna s-a îmbolnăvit de gălbinare,
de când îşi oglindeşte chipul în apă.

Broaştele şi greierii s-au prins la taifas,
pe marginea lacului foşneşte stuful,
din freamătul zilei nimic n-a mai rămas,
doar pasărea neagră-şi croncăne năduful.

De dincolo, de la ,,Rex'', vin adieri de jaz,
ca note spânzurate pe portativ de sârmă,
ca iarăşi amintirea a unui vechi necaz,
ca prima-nfiorare a dragostei din urmă.

Trasoare şi stele se joacă în noapte,
tihnirea se-aşează iar rece otreapă,
rămân încă treze poveştile-n şoapte
şi stânci adormite cu botul în apă.

---

1   Lac in sud-estul României.

Siutghiol[1]

In the great bucket the waves are still;
silent, the excavators dig no more;
the jaundiced moon has fallen ill
reflecting on her face in water.

The frogs and crickets have started to chatter,
at lake edge the rushes rustle;
nothing endures from the day's bustle
but the black bird cawing his broken vespers

From "Rex" over there float jazzy strains
like notes suspended on a wire stave,
like the renewed memory of an old pain,
like the first thrill of a late love.

Tracers and stars play in the night
vagabond rest takes a chilly seat
the whispered stories lie awake
the stones, asleep with their snouts in the lake.

---

1   Lake in southeastern Romania.

Miez de noapte

Ce plini de ceață
Îmi sunt ochii,
Ce pustiu e
În jurul meu
Și cât de târziu
Mi s-a făcut sufletul.

Nici o stea,
Nici măcar
O singură stea
În miezul nopții mele,
Atunci când,
Cu degete de gheață
Îți scriu,
Îți scriu.

Midnight

How full of mist
Are my eyes,
How deserted
My surroundings
And how old
Has grown my soul.

Not even
One single star
In this night of mine
When,
With fingers of ice
I write you,
I write you.

Sărman Icar

Visai să zbori
spre soare, iară,

mai liber,
fără de habar;

şi meşterind
pe-aripi de ceară,

ai adormit,
sărman Icar . . .

Poor Icarus

You were dreaming of flying
towards the sun, again,

free, freer,
without a care,

and mastering
your waxen wings,

you drifted off,
poor Icarus . . .

La Jilava

Citeam pe-un zid, cu sânge scris:
,,opt ani am stat aici închis''
şi te vedeam, brav şi tăcut,
smerite scrib necunoscut.

Pe-acelaşi zid, mai jos săpat:
,,cinci ani şi şase luni am stat''
şi cât priveam porţi şi pereţi,
erau doar ani, şi luni, şi vieţi.

Citeam pe-un zid, cu sânge scris,
am stat închis, am stat închis . . .
O, Doamne, cât aş vrea să ştiu,
eu, într-o zi, cât am să scriu?

At Jilava

I read on a wall, scrawled in blood:
"locked here for eight years,"
and saw you, brave and silent,
humble scribe unknown.

Below, on the same wall, engraved:
"five years and six months I stayed,"
and as I stared at gates and walls
there were but years, and months, and lives.

I read on a wall, scrawled in blood,
I was locked up, I was locked up . . .
Oh God, how I want to know
what tally, one day, will I scrawl?

Oamenii

Zadarnic îndrăznesc
plopii spre înalturi,

zadarnic piscurile
până la poalele norilor;

zadarnic vulturii,
amestecându-se cu aştrii
şi căzând
împreună;

pentru că
nu sus în ceruri,
ci aici
pe pământ
sunt oamenii.

Doamne,
de ce pe unii oameni
nu i-ai plămădit
după chipul
Tău?

Man

In vain they aspire
these poplars, to the heights;

in vain, these pinnacles
toward the base of the clouds;

in vain, these eagles
mingling with the stars
and falling
altogether;

For
not on high
but here
on earth
are men.

Lord,
why did you not mold
all men
in your
image?

Părintele Galeriu

Dumnezeu
M-a învrednicit
Să pătimesc
Şi să silnicesc alături
De acest Om-Sfânt,
Care a înfruntat
Cu seninătate
Batjocurile şi lovirile
Ca un martir,
Tămăduindu-ne rănile,
Mângâindu-ne durerile
Şi dându-ne mereu
Speranţa
Izbăvirii.

Father Galeriu

God
Gave me
To suffer
And labor together
With this sainted man,
Who confronted
Serenely
The jibes and the blows
Like a martyr,
Healing our injuries,
Easing our miseries
And giving us always
Hope
For salvation.

Valea Neagră

Grăbirea înceată
la ceas de amurg,
mai lungă îmi pare
pe drum pământiu;

din ape ce stau,
din ape ce curg,
mi-e sete să beau;
pe drumul pustiu

sunt ape ce stau
şi ape ce curg;
neliniştea-n temniţi
adoarme târziu . . .

Black Valley

The slow haste
of the twilight hour
appears much longer
from the earthen road;

from waters that stand,
from waters that run,
I am yearning to drink;
along the deserted road

are waters that stand
and waters that run;
prison's disquiet
stays up late . . .

Autoportret

Chip prelung şi negricios,
nici urât, dar nici frumos,

păr cărunt şi sprâncenat,
palid în costum vărgat,

fruntea-naltă, ochi căprui,
mă asemui cu destui,

doar cu zâmbetul meu geamăn
niciodată nu m-aseamăn.

Self-Portrait

Aspect longish and darksome,
neither ugly nor handsome,

hair grizzled and coarse,
pallid in striped clothes

high forehead, eyes of brown,
I might resemble anyone,

except my smiling twin;
I never resemble him.

Noapte de Bobotează

Prin florile de gheață din zăbrele
priveam aievea, ca într-o oglindă
te-am căutat pe ceruri printre stele,
*   ca să te aflu tot la noi în tindă.*

Am adormit zâmbind; e prima dată
*   când în celulă nu se mai oftează*
și te-am visat venind alb-veșmântată
minune-a sfintei nopți de Bobotează.

În zori, când lacrimile dimineții
*   nici n-apucaseră să se usuce,*
m-am aruncat în apa rece-a vieții,
*   dar n-am găsit acolo nici o cruce!*

Night Of The Epiphany

Through icy florets on the iron bars
I contemplated, sure, as in a mirror
I sought you in the sky among the stars,
Only to find you waiting in the foyer.

I fell asleep smiling; it was the first night
that in my cell I heard no sigh
dreaming, I saw you clad in white
you wonder of holy Epiphany.

At dawn, when morning's tears
Had scarcely begun to dry
I plunged into life's frigid waters
But no cross was there for me to find!

A fost băiat

Când am plecat
în noaptea Sfintei Mării,
Viorica mai avea de aşteptat
doar două luni
şi încă nu vorbisem
cum să ne numim
copilul.

Târziu în toamnă,
i-au dat drumul
din penitenciarul
de pe Rudului
unui bătrân bolnav,
nea Gogu[2],
pe care l-am rugat
să treacă pe la noi
acasă şi
să-i spună:
dacă e băiat, Răzvan,
dacă e fată, Ileana.

---

2   Nea: de la "nene" – termen de respect pentru bărbaţi.

It Was A Boy

When I went away
on Saint Mary's night
Viorica was due
in two months' time
and we still hadn't talked
about what to name
the child.

Late that Fall
they discharged
from the penitentiary
onto the street
an old man, unwell,
nea Gogu[2],
whom I asked
to pay a visit
home and
tell her:
if it's a boy, Răzvan;
if it's a girl, Ileana.

---

2 Nea: an honorific.

Om de ispravă, nea Gogu
s-a ținut de
cuvânt,
s-a dus și i-a spus:
dacă va fi băiat
să-i spuneți Răzvan,
dacă va fi fată
să-i spuneți Vidra!

A fost băiat
și el,
pe numele lui, mi-a trimis
primul pachet
la Coasta Galeș.

Dar dacă
ar fi fost
fată?

Worthy nea Gogu
kept his word
went and said:
if it's a boy,
call him Răzvan;
if it's a girl,
call her Vidra!

It was a boy
and he,
on his nameday, addressed
his first parcel
to me at Coasta Galeş.

But what if
it had been
a girl?

Zăvoarele

Scrâşnesc zăvoarele de fier,
rostind cu strigăte de-osândă,
fantasma unui temnicer,
ce stă de peste veac la pândă.

Scrâşnesc zăvoarele pe rând,
ca tunetul ce vrea să-ntoarne,
cum marea geme spumegând,
ca fiare lacome de carne.

Scrâşnesc zăvoare pe la porţi
sub meterezele cetăţii,
unde şi acum străjerii morţi
păzesc rostirea libertăţii.

The Locks

Grating, the locks of iron
echo with condemning cries
the specter of a prison warden
who's lurked for centuries.

The locks are grating one by one,
like a thunderbolt poised to flash,
like the spumy seas that moan,
like beasts that hunger after flesh.

The locks grate in the portals
beneath the fortress walls
where sentinels long dead and gone
still guard the utterance of freedom.

Şi iar te-aştept

Cum zboară
timpul
inutil;

februarie,
martie,
şi-april
se duc pe
lungile poteci,

nici n-ai venit
şi va
să pleci,
lăsându-mi
clipele pustii.

Şi iar
te-aştept
să vii,
să vii!

Awaiting You Again

How useless
time
flies;

February,
March,
and April
have all traveled
the long pathways,

You've hardly arrived,
and already
you're leaving
leaving me
desolate moments.

And again
I'm waiting for you
to come,
come!

Masa Tăcerii

Stăm departe, departe,
Aproape nu e nimani
Şi am rămas singuri
Noi şi tăcerile.

Dacă nu s-ar auzi
Tic-tacul ceasului,
Dacă timpul
S-ar fi oprit,
Nu s-ar mai însera.

Dar s-a făcut noapte,
Atât de întuneric
Şi atâtea nelinişti,
Încât ne-am aşezat la
Masa Tăcerii.

Table Of Silence

We are far away, distant,
There is no one near
And we are left alone
We and our silences.

Were no one to hear
The clock's ticking,
Did time
Surcease,
Night would no longer fall.

But night fell,
With such darkness
And such unquiet;
Therefore we sat down at
The Table of Silence.

Nerăbdare

Tren eşti, sau ce naiba eşti,
că te-aştept din zori de zi
şi de-aci, de la Borzeşti,
mă tot uit şi nu mai vii.

Tren eşti tu, sau fiară eşti,
că n-ai milă nicidecum,
te tot pufăi şi te-opreşti
şi n-ai mai porni la drum.

Tren eşti tu, sau râmă eşti,
de te târâi făr-de zor,
când îmi zboară spre Ploieşti
inimă, şi gând, şi dor!

Impatience

Are you a train? Whatever damned thing you be,
I wait for you with every dawn
and from here, from Borzeşti,
I keep on looking but you don't come.

Are you a train or are you a beast?
For you lack all compassion;
you keep puffing and you come to rest
without the will to start again.

Are you a train or are you a worm
inching desolately by
when meanwhile to Ploieşti fly
my heart, and thoughts, and yearning!

Scrisoare pentru Răzvan

Drag copil, cât o mărgea,
mugur plin de viață nouă,
prunc născut în lipsa mea,
înger cât un bob de rouă,

pui de om scăldat în soare
și-n parfum de iasomie,
ce-nțelegi să-ți spun eu oare,
ce să-ți scrie tata ție,

ce să-ți dau și ce, Răzvane,
să-ți aleg din câte sunt:
bucurii, nădejdi, coroane
și tristeți pe-acest pământ?

Ce să-ți cânt, când tu, copile,
apucând colțul năframei,
te-ai jucat de-amar de zile
doar cu lacrimile mamei;

Letter For Răzvan

Dear child, small as a bead,
bud brimming with life anew,
babe born where I could not be
angel small as a drop of dew,

child of man in sunbeams bathed,
and in jasmine perfume,
what might I say that you'd understand,
what might your papa write to you;

what, oh what might I give you, Răzvan
choosing for you from all that is:
heart's joy, hopes, coronets,
and sadness over the earth?

What might I sing, when you, my child
grasping at the headscarf's end
have played for many bitter days
with nothing but your mother's tears?

să-ţi trimit, atâta poate,
grijile arse de dor
visurile mele toate,
toate gândurile-n zbor,

aurul holdei sorite,
verdele, albastrul mării,
roşul zilelor sfârşite
şi tot nesfârşitul zării,

să-ţi trimit cuvânt din locul
fără zâmbet, fără şoapte,
unde e-ngropat norocul,
unde tot mereu e noapte,

unde tata e un număr
din tăcuta, brava turmă,
cot la cot, umăr la umăr;
cel dintâi şi cel din urmă,

what might I send to you
worries hardened in the fire of longing,
all my dreams,
all my thoughts aloft,

the gold of the sunlit cornfield,
the green, the blue of the sea,
the crimson of the ended days,
and all the infinite horizon,

might I send you word from a site
without smiles, without whispers
where luck is interred,
where it is always night,

where Papa is a number
in a brave and silent mass,
elbow to elbow, shoulder to shoulder,
the first one and the last,

unde şuieră vânt, gloanţe,
unde viaţa n-are cârmă,
locul unde zac speranţe
spânzurate-n ghimpi de sârmă,

să-ţi trimit . . . dar niciodată
ăst cuvânt nu va să-ţi vie;
de la mama ştii, ţi-e tată
tata din fotografie;

tata a plecat departe
dinainte de-a te naşte,
să-l cunoşti n-ai avut parte
şi nici el nu te cunoaşte;

dar ca mâine, ai răbdare,
se va-ntoarce, minte ţine,
să vă strângă-n braţe tare
şi pe mama, şi pe tine;

where bullets whistle with the drafts,
where life goes off the tracks,
a place where hopes hang
suspended from wire thorns,

what might I say . . . but no
word will ever get to you;
you'll know from your mom; Papa, to you
is Papa from a photograph;

Papa left for far away
long before your birth
you couldn't know him anyway
he couldn't know you from the first

but be patient, like tomorrow,
he'll come back, remember now,
hold on tight, the two of you
both your Mama and you too.

ei, ca mâine . . . cine ştie
câte nopţi sunt până mâine,
câtă inimă pustie,
câte carceri făr-de pâine,

câtă lungă aşteptare
în popasuri de amurg,
când stau ape-n nemişcare
şi doar lacrimile curg,

câte-ngenuncheri smerite
la icoana lui Isus,
câte umilinţi cumplite . . .
Dar, Răzvane, fruntea sus!

Fruntea sus! Peste poiene,
peste suferinţi de câine,
iată strălucind în gene
raza zorilor de mâine,

Oh, tomorrow . . . who knows
how many nights will fade before tomorrow,
how many empty hearts,
how many lockdowns without bread,

how much interminable waiting
in the twilight intermissions
as the waters go still
and the tears flow on,

how many humble genuflections
before Jesus' image
how many dreadful humiliations . . .
But, Răzvan, hold your head high!

Head high! Beyond the meadows,
Beyond the beastly sufferings,
behold, twinkling in your eyelashes,
tomorrow's ray of dawn,

iată, cearcăn de lumină
peste sfânta noastră glie,
iată, oamenii se-nchină
chiar când tatăl tău îți scrie;
Răzvănel, flăcăul tatei,
bucălat, cu nasu-n vânt,
prunc la sânul Prea Curatei,
cel mai drag de pe pământ,

ce să-ți spun și ce, Răzvane,
să-ți aleg din câte sunt
povești, fapte năzdrăvane
și ce cântec vrei să-ți cânt?

Ce să-ți cânt, când tu, copile,
apucând colțul năframei,
te-ai jucat de-amar de zile
doar cu lacrimile mamei.

behold, a ring of light
over our promised land
behold, the people bowing
even as your papa writes to you;
Răzvănel, Papa's little man,
chubby-cheeked, nose in the air,
babe at Holy Virgin's breast,
dearest child on earth,

what might I tell you, Răzvan,
choosing for you from all that is,
tales and marvelous deeds,
what song might I sing for you?

What might I sing, when you, my child
grasping at the headscarf's end,
have played for many bitter days
with nothing but your mother's tears.

Aripi frânte

Atâta lungă noapte,
cât timpul unei vieți:

atâtea vise, doruri,
ascunse în tristeți;

atâtea aripi albe
la primul zbor s-au frânt,

căci, iată, bucuria
n-am mai știut s-o cânt!

Broken Wings

So long, this night,
long as a life:

so many dreams, yearnings,
hidden among grief;

so many white wings
in maiden flight have broken,

as for happiness, alas
I know not how it's spoken!

Celei de-acasă

Dacă netrebnicii
mi te-au furat
din zâmbetul Giocondei,
din neastâmpărul valurilor,
din îndrăzneala piscurilor,
din leagănul holdelor,
din mireasma florilor,
sau din vadul
unde ajung doar
căprioarele,

nu se poate
să nu fi rămas măcar
în picătura de rouă a zorilor,
în lacrima ochilor trişti,
în pojarul copiilor bucălaţi,
în harul frunţilor înalte,
sau în nădejdea
ce nu se pierde
niciodată.

To One At Home

If those louts
stole you away
from Gioconda's smile
from the waves' crashing,
from the summit's daring,
from the harvest's cradle,
from the flowers' fragrance,
or from the crossing
visited only by
deer,

can it not be
at least that you linger
in the dewdrop at sunrise
in the teardrop of sad eyes
in the round faces of ringletted children
in the grace of high foreheads
or in the hope
that endures
forever.

Şi-acolo
căutându-te şi aflându-te,
să-ngenunchi şi să mă rog ţie,
taina şi dragostea mea.

And therein
seeking you and finding you
I will kneel and pray to you
love and mystery mine.

Noapte bună

Iar m-am învelit în noapte,
ca-ntr-un pled uşor şi cald;
stele dulci şi stele coapte
cad din pomul de smarald;

tot privesc, ca în vitrine,
giuvaeruri câte sunt
adunate pentru tine
cum în cer şi pe pământ;

vrând pe toate să le cumpăr
şi să ţi le pun cunună,
dorul meu n-are astâmpăr;
noapte bună,
noapte bună!!

Good Night

Again I cloak myself in night
as in a blanket warm and free;
stars so sweet, stars so ripe
falling from an emerald tree;

I spy, as in a window
gems of untold worth
gathered all for you
in heaven as on earth;

I wish that I could buy them all,
to twine for you a garland bright,
my yearning for you knows no lull;
good night,
good night!!

Soare – răsare

Lumină din lumină,
Viaţă din viaţă lui,
Roua zorilor
Şi după amurg
Tihna nopţilor.

Te-am proslăvit
Ca pe un zeu
Al cerurilor.

Şi totuşi
Şi totuşi
Într-un târziu de
Toamnă
Surâsul îţi îngheaţă
Pe crizanteme albe.

Sunrise

Light from light,
Life from His life,
The dew of dawn
And after dusk
The nights' respite.

I have extolled you
As a god
Of the heavens.

And yet
And yet
In the latter
Autumn
Your smile congeals
On white crysanthemums.

Colind

Străjuit de sentinele,
brad împovărat de nea;

bună dimineața, stele,
dar la mine nu e stea . . .

Petrecând la-nchisul pleoapei
leru-i ler, din cele vremi,

dorul meu atât de-aproape-i
şi aşteaptă să ne chemi.

Carol

Encircled by guards,
fir fraught with snow;

good morning, stars,
where's my star now . . .

Feasting till the eyelids close
leru-i ler[3], ancient burden,

my yearning is so close
and awaits your summons.

---

3   Leru-i ler: a traditional refrain in Romanian Christmas
    carols.

Cuiele din pereți

Sunt casa
din care s-au scos,
rând pe rând:
mobilele,
covoarele,
glastrele cu flori,
cărțile,
nimicurile de tot felul,
locatarii gălăgioşi
şi-au mai rămas doar
cărți mototolite,
jucării stricate
şi cuiele din pereți,
de care spânzură
amintirile.

The Nails In The Walls

I am the house
from which they took,
piece by piece:
the furniture,
the carpets,
the flowerpots,
the books,
all manner of trifle,
the raucous neighbors
and all that remains
are the battered books
the broken toys
and the nails in the walls
on which hang just
memories.

Sunt țărmul,
sunt parcul pustiu
în care se ascundeau
îndrăgostiții,
sunt arborele din care
vântul a smuls frunzele,
una câte una.

Oare atât a mai rămas
din mine?

I am the shore,
I am the deserted park
which once concealed
lovers,
I am the tree from which
the wind tore the leaves
one by one.

I wonder, is this all that's left
of me?

Ruga lui Răzvan

Doamne, -abia-mi pot ține plânsul,
când la tata mă gândesc;
așa tare îl iubesc
și atât mi-e dor de dânsul.

Au trecut an după an
de când n-avem sărbătoare,
de când el la închisoare
stă ca Horia și Crișan.[3]

Cât de mare și bun ești,
Doamne, adu-ni-l de departe,
să-mi citească, nu din carte,
cea mai mândră din povești.

---

3   Horea, Cloșca și Crișan – conducători ai răscoalei tărănești din
1784 din Transilvania.

Răzvan's Prayer

God, I can hardly hold back tears
when I think about my father:
that's how much I love him
and how much I miss him.

Year after year has gone by
since we've had a holiday,
since he's been in prison
like Horia and Crişan.[4]

You are so great and good
God, bring him from far away
to read, though not from books, to me
the greatest story ever told.

---

4   Horea, Cloşca and Crişan—leaders of the 1784 Peasant Revolt in Transylvania.

Doar o clipă

Avarii visează risipă,
risipă de aur și bani,
când eu te visez doar o clipă
din marea risipă de ani!

Just One Moment

The avaricious dream of waste,
waste of gold and lucre,
while I dream you for just one moment
in the vast waste of years!

Eliberare

M-au aruncat în plină stradă
ca slobozit dintr-un infern;
încerc s-aştern mers pe zăpadă,
în timp ce flori de nea se-aştern;

purtând poverile de jale,
m-am rezemat de primul pom
şi-am aşteptat să-mi iasă-n cale
un om; să-mbrăţişez un om!

Să-i strig, cât mă mai ţine glasul,
că-s om şi eu, că-s liber iar
şi să îl rog să-mi poarte pasul
să îngenunchi la un altar.

Acolo, singur de mă lasă,
voi cuteza să mă închin
şi-apoi să mă îndrept spre casă,
c-ai mei de-acuma ştiu că vin.

Liberation

They threw me out on the street
as one delivered from an inferno;
I tried to place my footfalls in the snow
as snowflakes floated down in a fresh sheet;

bearing up a load of pain,
I leaned against the first tree
waiting for there to appear to me
a man; waiting to embrace a man!

To shout to him at the top of my lungs
that I too am a man, am free again,
and to ask him that he guide my way
to an altar whereat I might pray.

There, alone if he would give me leave
I would dare to bow my head
and then bend my steps homeward
because by now they are expecting me.

Octombrie

A venit oare toamna,
Sau frunzele de pe alei
Sunt risipa de aur
A visului meu?

A venit oare toamna,
Sau înserările reci
Şi lăcrimarea norilor
Sunt tristeaţea ochilor mei?

A venit oare toamna,
Sau cârdurile de cocori
Sunt gândurile mele
Care se întorc la tine?

October

Has autumn really come
Or are the leaves in the alleys
The golden vestiges
Of my dream?

Has autumn really come
Or are the cold gloamings
And the clouds' tears
My eyes' laments?

Has autumn really come
Or are the long lines of cranes
These thoughts of mine
Returning to you?

Celula 17

Chilia mea, ciment şi fier,
o boltă de mormânt,
prin care nu străbate cer,
sub care nu-i pământ.

Chilia mea, fier şi ciment,
un pat, un bec, un ţol
şi pasul care calcă lent
şi-ntruna-i dă ocol.

Mai mult nu a rămas nimic:
nici nopţi, nici dimineţi,
doar apa curge, pic, pic, pic
şi plânge prin pereţi.

Tot prin pereţi, om învrăjbit
priveşte cenuşiu
să vadă dacă am murit,
sau dacă-s încă viu.

Cell 17

My hermitage, cement and iron
a vault for burial
unpierced by the sun
beneath which is no soil.

My hermitage, iron and cement
a bed, a rug, a bulb
and the step that dully treads
and tirelessly prowls.

Much more has led to naught:
neither nights nor mornings,
only the water drips, drip, drop
plying its plaint along the walls.

Amid all the walls, a hostile man
regards me ashenly
to see if I have passed away
or if I still live on.

Dar cum să mor, când zurgălăi
se-aud departe, stins;
să fie zburda unor miei,
sau, Doamne, o fi nins?

O, Doamne-al fostei mele vieți,
învață-mă-un nimic,
învață-mă să plâng, pic, pic,
ca apa din pereți.

But how can I die when bells
in the distance faintly toll;
is that the capering of lambs,
or, God, perchance it snowed?

O Lord of my former life,
teach me anything at all,
teach me to weep, drip, drop,
like the water in the walls.

Temnicerul

Simțind
înfiorare omenească
maimuța
coborî ușor
din
pom
și
în curând
deprinse
să vorbească.

Dar încă
n-a ajuns
să fie
OM!

The Gaoler

Sensing
the trembling of a man
the ape
climbed softly down
from
the tree
and
presently
learned
to speak.

But it
has yet
to become
HUMAN!

Romanță pentru
Viorica-Ileana

Parcă te văd, purtând osândă
povara-ntemnițării mele
şi căutându-mă, flămândă,
în bezna recilor zăbrele;

parcă te văd, veneai furtună
şi-o clipă vreai să mai rămâi,
o clipă încă împreună,
ca la-ntâlnirea cea dintâi.

Din lumea florilor roz-pale
atâta linişte-ai adus
şi scuturând din păr petale,
atâtea vorbe dragi mi-ai spus,

că-n ochi a umezit cicoarea
şi-n urmă-ți, aplecat uşor,
am sărutat smerit cărarea
ce te-adus la vorbitor.

Romance For
Viorica-Ileana

I can almost see you, sentenced to bear
the brunt of my incarceration,
and hunting for me, starving, inside
the darkness between the frigid iron bars

I can almost see you, coming like a storm,
wishing to linger one more moment,
one moment still together,
like at our first encounter.

From that realm of pale and pink flowers
you brought so much comfort
and, shaking petals from your hair,
to me you spoke sweet words, enough

to moisten eyes of cornflower
and in your wake, slightly stooped,
I humbly kissed the path
that brought you to the visiting room.

Tristele

De-a lungul drum al nopții,
de-a lungul dimineții,

un om își poartă singur
poverile tristeții;

sub stânca înverzită,
el, frate cu înaltul;

același val se sparge,
Ovidiu este altul . . .

(Șantierul Ovidiu, martie 1953)

One Forlorn

Along the road at night,
along it at dawn,

a man bears the weight
of his cares alone;

beneath the mossy rocks,
he, the heights' brother;

the same wave breaks,
Ovidiu is another . . .

(Ovidiu Worksite, March 1953)

Biruință

De neînfrânt,
Neînfricată,
Îndrăzneață și
Mândră stă
Cetatea
Înaintea ultimului
Asalt.

Mi-am adunat oștenii,
Le-am poruncit foc,
Au ars și au
Sângerat amurgul,
Cel de pe urmă al
Meterezelor.

Victory

Invincible,
Fearless,
Confident and
Proud stands the
Citadel
Before the final
Assault.

I assembled my men,
I bade them fire,
They burned and they
Bloodied the sunset,
That bulwark's
Last.

Lecția de istorie

N-am să vă vorbesc
despre nici unul dintre viteji;

n-am să vorbesc
despre necrezutele isprăvi,
despre credința
și despre suferințele lor.

Nu vreau să tulbur somnul,
îndelunga liniște-a păcii
și împăcarea cu netimpul
de sub pietrele
pe care s-a scris,
sau nu s-a scris încă
Ștefan,
Mircea,
Mihai
și atâți alții . . .

History Lesson

I will not speak to you
of any among the brave;

I will not speak
of their incredible deeds,
nor of their faith
nor of their suffering.

I wish not to trouble the sleepers,
the long solace of peace
and the pact out of time
beneath the stones
on which is written,
or not yet written
Ştefan,
Mircea,
Mihai
and so many others . . .

Căci fiecare piatră
de pe acest sfânt pământ
ar vrea să poarte
nume de voievod!

Aşadar,
să ne aducem aminte
de tot ce avem al nostru,
mult sau mai puţin
de la bunii şi străbunii noştri
şi ascultând toate câte s-au spus,
şi câte nespuse altele,
să fim mândri
şi să-ngenunchem
la lecţia de istorie,
scrisă cu sânge,
cu sânge.

Despre necrezutele isprăvi,
despre credinţa
şi despre suferinţele lor,
n-am să vă vorbesc
despre nici unul dintre viteji.

For every stone
upon this hallowed ground
would want to bear
a voivode's[5] name.

Let us then
call to mind
all that is ours
more or less
from our fathers and forefathers
and listening to all that's said
and all that's still unsaid.
Let us take pride
and let us kneel
before the history lesson
scrawled in blood,
in blood.

Of all their incredible deeds
of their faith,
and of their suffering,
I will not speak to you
of any among the brave.

5   Rank roughly equivalent to duke or count.

Rost și reazem

Vream să pricep să-ngemăn
lumina fulgerării
cu bogăția holdei,
cu umbrele-nserării,
cu valuri sparte-n stâncă
și neguri de Ceahlău
pe pânza nemuririi
să-mi fie chipul Tău.

Vream să pricep să dibui
și să găsesc cuvinte
să-Ți laud frumusețea,
amiaza ta fierbinte
și-n zori să te asemui
cu albele răsuri,
cum pricepeau pe vremuri
cei meșteri trubaduri.

Rock And Foundation

I wanted to learn to combine
the flash of lightning
with harvest's wealth
with evening's shadow
with waves crashing on rock
with the black fogs on Ceahlău[6]
on immortality's canvas
for my image of You.

I sought to learn to strive
and to find words
to laud Your beauty,
your scorching afternoon
and to liken you at dawn
to the white eglantines
like those skillful troubadour masters
of ages past.

---

6   Range in the Carpathians.

Să-ţi spun că doar de plaiuri
sunt doinele şi hora,
că nu ştiu alte ceruri
să-şi lase aurora
pe mai înalte piscuri
şi nu ştiu alte văi,
mai pline de izvoare,
de fete şi flăcăi.

Că nu e dor mai aprig,
ca dorul meu de Tine,
când zâmbetul nu-i zâmbet
şi binele nu-i bine,
că doar pe lacu-albastru
sunt florile de nufăr,
că Tu mi-eşti rost şi reazem
când pentru Tine sufăr.

To tell You only on the plains
are songs and ballads
and knowing no other heavens
that shed their auroras
on higher pinnacles
and knowing no other valleys
more abundant in streams,
in maids and in young men.

For there is no fiercer yearning
than my yearning for You,
when a smile is not a smile
when the good is not good,
for on the blue lake alone
float lilies,
for You are my rock and my foundation
when for you I suffer.

Diată

Din temniţa întunecată
de unde nimeni n-a ieşit,
îţi las un nume făr-de pată,
precum eu însumi l-am primit.

Îţi las cuvintele Scripturii
şi datinele bătrâneşti,
iar eu, căzut în lanţul urii,
îţi las poruncă să iubeşti.

Iubeşte cerul şi pământul,
priveşte şi să n-ai dorinţi,
păstrează-ţi cinstea şi cuvântul,
să nu cârteşti si să nu minţi;

fii frate bun şi fă doar bine
celui sărman şi celui trist
şi iartă-i pe cei răi cu tine,
cum i-a iertat odată Christ.

Testament

From a dungeon of gloom
From which no one has emerged,
I leave you an unstained name,
the same I once received.

I give you Scripture's holy word
and time-honored code,
and, in hatred's bonds ensnared,
I bid you to love.

Love the sky and love the earth;
covet not, but use your eyes;
keep your honor and your word;
bear true witness; tell no lies;

be brother to men and keep faith
among the destitute forlorn;
forgive those who intend you harm
the way Christ long ago forgave.

De se vor răzvrăti iar plânşii
şi te-or chema să li te-aduni,
întoarce faţa de la dânşii
şi nu-ncerca să mă răzbuni.

Ridică-te prin muncă dreaptă,
ca rostul vieţii să-l pricepi
şi calcă treaptă după treaptă,
unde-am sfârşit eu tu să-ncepi.

Should caitiff clans again rebel,
should they call you to mutiny,
turn away your face from them
and do not seek revenge for me.

Raise yourself through righteous labor,
life's meaning for to comprehend;
put one foot before the other,
so you can begin where I end.

Moara dracilor

Şi ceaţa, şi frigul, şi noaptea-s pe stâncă,
se mişcă doar umbre prin freamăt de şatră;
cu gura-i flămândă, murdară, adâncă,
pământul înghite vechi idoli de piatră.

Şi frigul, şi noaptea, şi ceaţa coboară
ca recele giulgiu pe oamenii goi;
vor unii să-nvie, vor alţii să moară,
iar alţii se-ndoaie şi cad în noroi.

Şi ceaţa, şi frigul, şi noaptea-s aproape,
aproape-s cătuşe şi lanţuri de mâini,
sar stâncile-n aer, scrâşnesc târnăcoape
şi geme văzduhul în urlet de câini.

Şi noaptea, şi ceaţa, şi frigul în case,
în carne, în gânduri şi-n suflete sunt;
sudalme şi clocot de rângi şi baroase
se-aud şi se-ngână purtate de vânt.

The Devil's Grinder

And fog, and cold, and night lie on the rock
only shadows play among the gypsies' revels;
with its filthy, ravenous, bottomless maw
the earth ingests the old stone idols.

And the cold and the night and the fog descend
like a frigid pall on naked men;
some wish to rise, others to drop dead,
still others incline to collapse in the mud.

And the fog and the cold and the night draw near,
the handcuffs and the shackles are nigh,
pickaxes grate, rubble leaps to the sky
the howls of dogs re-echo through the air.

And the night and the fog and the cold in the houses,
in flesh, in thought, in soul are found;
curses and clamor of levers and sledges
resound like chanting on the wind.

Şi ceața, şi frigul, şi noaptea, şi eu;
izvoare de piatră mai curg în osândă;
pământul le-nghite, le-nghite mereu
cu gura-i adâncă, murdară, flămândă.

Şi frigul, şi noaptea, şi ceața se lasă,
ca trei duhuri rele pe un candelabru
cu trei brațe oarbe, spânzurat de casă
unde cucuvaia țipă lung, macabru.

Şi ceața, şi frigul, şi noaptea sunt roşii,
lumina tresare din leagănul mării;
se strâng în şuvoaie, se-adună Christoşii,
urcând în tăcere spre Golgota țării.

(Şantierul Valea Neagră, decembrie 1952)

And the fog and the cold and the night, and myself;
stony springs run, flowing condemned
the earth swallows them up, swallows again and again
with its bottomless, ravenous, filthy maw.

And the cold and the night and the fog ease down
like three weird spirits on a chandelier
with three blind branches hanging in a home
where the owl screeches long and macabre.

And the fog and the cold and the night are red
as the light spills from the cradle of the sea
massing in streams, Christs are gathered
mutely ascending their country's Calvary.

(Valea Neagră Worksite, December 1952)

Lacrima scoicilor

Marea cea mare,
A nesfârşitelor nelinişti,
A sirenelor,
Marea atâtor tristeţi
Şi bucurii,
Aduce la picioarele tale
Mângâierea undelor şi
Lacrima scoicilor.

Ce frumos şi
Cât de liber zboară
Pescăruşii,
Ce grele îmi par
Cătuşele . . .

Seashells' Tears

The great sea
Of endless unrest,
Of the sirens,
Of countless sadnesses
And joys,
Washes to your toes
Caressing waves and
Seashells' tears.

How beautiful and
How free soar
The gulls,
How heavy to me seem
These handcuffs . . .

Psalm

Doamne, dac-ai fi vrut să-mi pierzi ființa,
curmându-mi gândul liber și credința,
m-ai fi rătăcit fără de cârmă
aici, în beznă, printre ghimpi de sârmă.

Dar Tu mi-ai întărit mintea și brațul
și m-ai zidit să nu mă sperie lațul,
nici umilințele și nici urgia,
că mi-am iubit obârșia și moșia.

Căci Tu-ai trimis în carceră la mine
susurul de izvor să mă aline,
iar când mă-ncovoia câinoasa foame,
m-ai înfruptat cu pâine și cu poame.

Din aurul atâtor triste toamne,
mi-ai dat inelul de pe deget, Doamne,
și-nvrednicitu-m-ai de-acum un an
să-nalț spre Tine, mladă, pe Răzvan.

Psalm

God, had You seen fit to waste my life
curtailing my free thought and my belief
You would have left me rudderless
here, amid barbed wire, in darkness.

But You fortified my mind and arm
and freed me from the fear of chains,
humiliation and calamity,
for I have loved my roots and land.

For in prison you sent to me
the soothing murmur of the stream,
when hunger dogged me like a brute,
You feasted me with bread and fruit.

From melancholy autumns' gold
You offered me your signet, Lord,
and granted me, now one year on
to raise you up my son, Răzvan.

Când mi-am privit netrebnicii în față,
le-ai înecat luminile în ceață
și de pe frunți înguste și-ncruntate
ai șters pecetea Ta de bunătate.

Când m-au lovit mișeii, ai râs în ochii mei
și zâmbetul Tău arde, i-alungă pe mișei,
iar semnul crucii tale făcându-l peste plâns,
a zăbovit tot răul ce-asupră-mi iar s-a strâns.

Dacă osânda-mi, Doamne, nu e orânduită,
fă-i pe mârșavi să simtă mânia Ta cumplită
și fă să se audă, în temnița cetății,
cuvântul tău în trâmbiți și cântul libertății.

Aștept, Doamne, -ndreptarea
ce va să vină-n veac
și n-am să-Ți mai spun iartă-i,
căci au știut ce fac!

When I faced my oppressors,
You drowned their lights in mist
and from their sullen narrow brows
You struck Your seal of kindness.

You smiled through me when the cowards struck me
the cowards your smile sears and routs,
and the sign of your cross over my plaints
banished all evil gathered above me.

Then if my sentence, Lord, is unjust
let the wicked feel Your wrath
let trumpets sound in prison's fortress,
Your word and freedom's song.

Lord, I await the righteousness
that this day shall proceed;
nor will I say to show forgiveness
for they knew what they did!

Chronicle | *File de cronică*

Noaptea Sfintei Mării

Trescuse mult de miezul nopții. După o zi împovărată de neliniști și amărăciuni, de speranțe și deziluzii, izbutisem totuși să o aducem la noi acasă pe mama, care fusese evacuată abuziv din locuința sa și trimisă, ca atăți alții in acea vreme, în niște barăci insalubre de la marginea țigănească a Mizilului. A venit sărmana, cu câteva lucruri, atâtea cât mai încăpeau în cele trei cămăruțe în care ne înghesuiam șase persoane, cea de-a șaptea, în a șaptea lună, fiind pe drum. Adormisem tărziu, obosiți și îngrijorați de cele întâmplate, cănd am fost treziți de puternice lovituri în ușa, gata să spargă geamurile, însoțite de repetate somații: "Deschideți imediat, securitatea". Au pătruns deodată vreo cinci militari, înarmați, cu ochii injectați de nesomn și parcă mai temători decât noi; unul dintre ei, ce părea a le fi șef, m-a legitimat, după care au pătruns toți în dormitorul nostru și au început perchiziția, interzicănd celorlalți să părăsească încăperile lor.

St. Mary's Night

It was long past midnight. After a day full of anxiety, bitterness, hope, and disillusionment, we had finally managed to bring over to our house my mother, who had been forcefully evicted from her building, and, like many others back then, transferred to the gypsy slums at the very edge of Mizil. Poor Mother arrived at our place with just a few belongings—in fact, no more than we could fit in the three small rooms of our house, which crammed together six people already, with a seventh on his way. We had gone to bed late, tired and worried because of all that had happened during the day, when we were awoken by loud knocks on the door, which nearly broke our windows, followed by repeated commands: "Securitate! Open up!" Then suddenly about five armed soldiers stormed in, their eyes bloodshot, seeming even more frightened than ourselves. One of them, possibly the leader, checked my papers, and then all of them entered our bedroom and began searching, barring us from leaving the room.

Biroul meu, ca şi biblioteca (le aveam în dormitor) au fost răvăşite brutal până la ultima hârtie, cărţile fiind aruncate în mijlocul camerei, au urmat apoi şifonierul, o lădiţa, soba, patul (salteaua şi pernele desfăcute), covoarele, adică tot ce putea fi dat peste cap şi aruncat în bătaie de joc, în timp ce soţia mea, gravidă, şi cu mine eram obligaţi să stăm nemişcaţi pe marginea patului, sau mai exact, pe ceea ce mai rămăsese din el, cu măinile încrucişate pe piept, sub o strictă şi permanentă supraveghere. La un moment dat, unul dintre scotocitori, aplecat asupra clasoarelor mele filatelice, îi spune mai-marelui său: "Tovarăşe căpitan, am găsit materiale politice, fotografiile lui Codreanu", la care primeşte un răspuns sec: "Dă-l mă în mă-sa, ăsta e liberal, nu legionar!"

Nemulţumiţi vădit de rezultatul răscolitoarei cercetări, au lărgit-o, impunăndu-mi să-i însoţesc în beci şi în pod, unde sperau să descopere arme sau mai ştiu eu ce materiale subversive, pentru a nu se fi ostenit degeaba. Revenind în dormitor, unde n-au atins icoanele, sub care se găseau ascunse scrisorile şi versurile ce izbutisem să i le trimit Vioricăi, au început să întocmească un proces-verbal (Doammne, cât s-au chinuit să-l caligrafieze!), în care menţionau că nu au găsit materiale compromiţătoare, deci rezultat negativ, iar eu începusem să răsuflu uşurat, sperănd în plecarea lor. Abia atunci mi-au spus să mă îmbrac sumar (eram într-o cămaşă de noapte), deoarece va

My desk, together with my bookcase (both were located in the bedroom) were ransacked to the very last scrap of paper, the books thrown on the floor, then the dresser, a small crate, the space heater, the bed (mattress and pillows cut all to pieces), the carpets—that is, all that could be turned upside down and thrown aside in mockery, while my pregnant wife and I were forced to sit still on the edge of the bed, or rather on what was left if it, our arms crossed on our chests, under strict supervision. Suddenly, one of the foragers, who was bent over my stamp collection, said to his superior: "Comrade, I found political material, Codreanu's photos," to which he received a dull reply: "To hell with him. That one is a liberal and not a legionary!"

Visibly unhappy with the results of their search, they decided to expand it, asking me to follow them to the attic and the cellar, where they were hoping to find weapons, or God knows what other subversive documents, or hoping only not to have bothered in vain. Returning to the bedroom, where they had neglected to look under the icons on our wall, which concealed the letters and the poems I had succeeded in sending to Viorica, they sat down to draft a report (God, what a hard time they were having putting things in writing), which stated that they hadn't found any compromising material—hence, negative results—while I let out a sigh of relief, hoping

trebui să-i urmez pentru a da o simplă declarație, după care voi reveni acasă. Din fericire, unul dintre ei, mai omenos, i-a șoptit soției mele să pună totuși câteva schimburi într-o geantă, pentru orice eventualitate. Ei i s-a făcut rău, dar a izbutit să adune câteva lucruri trebuincioase, după care am ieșit imediat, lăsând-o aproape leșinată și fără să mai fim în stare să schimbăm vreo vorbă sau vreun cuvânt de despărțire.

De-acum știam bine amândoi ce ne așteaptă, pentru că nu era prima oară când ni se întâmpla. Începuse să mijească zorile, de după boscheții din grădină s-au ivit și alți militari înarmați, acum se făcuseră vreo zece (probabil pregătiți pentru un asalt), iar de peste tot, corul greierilor, pe care mi-l voi aminti mereu, mi-a purtat pașii spre poartă. Ieșind, mi s-a ordonat (începuseră ordinele!) să merg singur înainte, deja apăruseră oameni pe străzi și să nu încere cumva să fug, arătându-mi armele. Astfel ne-am îndreptat spre noul sediu al Securității din Ploiești de pa strada Vasile Lupu.

Era în noaptea de 15/16 august 1952, a Sfintei Mării, și se pusese în executare H.C.M. nr. 1554/52, Decizia M.A.I. nr. 744/1952 și Procesul-verbal nr. 7/1952, semnat de comisia formată din generalii-maiori de securitate Nicolski Alexandru și Mazuru Vladimir, de locotenentul de securitate Butyka Francisc și de maiorii

to see them leave. Only then did they tell me to put on some clothes—I was in my nightgown—for I was to give a statement and then return home. Fortunately, one of them, who seemed vaguely more compassionate, whispered to my wife to pack a few more things for me, just in case. She paled instantly, but managed to put together a small bag containing a few basic clothing items. Then we took off, leaving my wife on the verge of fainting, the two us of unable to exchange a word of farewell.

That moment, both of us knew very well what would come next, for it wasn't the first time this had happened. Dawn was breaking; from behind the bushes more armed soldiers emerged—there were about ten of them now, all prepared for a possible attack—and from all sides the crickets' chorus that I would never forget accompanied me to the gate and beyond. As soon as I stepped outside, I was ordered (the orders had already begun) to walk ahead alone (there were already people out in the street), and not even to think about running away, the soldiers pointing to their guns. Thus we continued toward the new Securitate headquarters on Vasile Lupu Street.

It was the night of the Assumption, 15 August 1952, and a few decrees were already being implemented: the H.C.M. no. 1554/52, the Decree M.A.I. no.

de securitate Einhorm Wilhelm și Marin Vintilă (cei mai mulți străini de neam), prin care sute de prahoveni, principali opozanți ai regimului comunist, erau trimiși, pentru exterminare, la faraonica închipuire a Canalului Dunăre-Marea Neagră.

744/1952, and the Report 7/1952, approved by a committee formed by the Securitate Majors-General Alexandru Nicolski and Vladimir Mazuru, Lieutenant Francisc Butyka, and Majors Wilhelm Einhorm and Marin Vintilă (most of them foreigners to our homeland), whereby hundreds of Prahoviens, the major opponents to the Communist regime, were sent to extermination behind the pharaonic facade of the Danube–Black Sea Canal.

Penitenciarul de pe Strada Rudului

După câteva ore de inventariere și păstrare la Securitate, am fost îmbarcați în dube și transferați la penitenciarul Ploiești, în apropiere de casa mea părintească. Acolo erau pregătite din timp câteva săli speciale, cu priciure suprapuse până spre tavan, fiind total despărțiți de deținuții de drept comun, obligați să stea cu fața la perete, dacă am fi fost purtați pe lângă ei. Curând mi-am dat seama de amploarea și dramatismul operațiunii din acea noapte de pomină, întrucât am recunoscut oameni de frunte ai județului și ai orașului, foști politicieni, industriași și comercianți, literați, medici, profesori, avocați, arhitecți, preoți și foști ofițeri superiori, adică o mare parte din elita acestor meleaguri. Deși mi-i amintesc pe cei mai mulți dintre ei, numele lor ar înșira o listă foarte lungă, așa că mă voi restrânge doar la câțiva, care ne-au fost pildă de comportare și ținută demnă în cele două luni cât am fost împreună în acest penitenciar: preoții Galeriu, Manu, Cilă și Scărlătescu, avocații Manolescu, Ivăncianu, Stănescu, Costescu, Ceaușoglu și

Strada Rudului Penitentiary

A few hours after checking in and waiting at the Securitate, we were loaded onto vans and transferred to the Ploieşti Penitentiary, which was near my childhood home. There they had set up a few special rooms with makeshift bunks stacked to the ceiling, meant to separate us from the common prisoners, who were told to face the wall as we were escorted past them. I soon became fully aware of the extent and the severity of the actions that transpired in the course of that fated night, as I recognized some of the city's and county's leading figures: former diplomats, businessmen and tradesmen, academics, doctors, teachers, lawyers, architects, priests and former military figures—in other words, a great part of the local elite. Even though I do remember most of them, their names would make for a very long list, so I will mention only a few of them, those who, for the two months we spent at this penitentiary together, were examples of the most dignified conduct and demeanor: Fathers Galeriu, Manu, Cilă, and Scărlătescu, attorneys

Mihăescu, comercianții Moțoi, Iosifescu și Davidescu, profesorii Șerbănescu, Munteanu, Plăișeanu, Bărbieru și Antonescu, juriștii Vrăbiescu și Ionescu-Lungu, țăranii Moldoveanu, Stelian și Burlacu, precum și mulți alții, oameni care sfințeau locul de detenție.

Supuși unui nemilos și inuman regim de înfometare și izolare, fără nici un fel de asistență medicală și de condiții elementare de igienă, cei vârstnici au început să cedeze fizic, s-au îmbolnăvit și unii dintre ei au fost luați și trimiși, probabil, la spital sau acolo de unde nu se mai întoarce nimeni. Încet-încet ne-a fost afectat și moralul, din cauza totalei incertitudini cu privire la soarta noastră sau la motivele arestării, iar zvonurile, alternând de la cele mai pesimiste la cele mai optimiste, ne derutau, ne secătuiau de putere și, din ce în ce mai deznădăjduiți, ajunseserăm să ne târâm dintr-un loc într-altul ca niște umbre.

Poate doar slujbele și predicile preoților noștri ne mai încurajau și ne dădeau putere și cele câteva știri exacte ce ni se strecurau prin deținuții de drept comun, care, când aveau ocazie, ne aruncau prin fereastră alimente înfășurate în frânturi de ziare.

Cazna penitenciară s-a sfârșit în noaptea de 18/19 octombrie 1952, când am fost ridicați în mare grabă

Manolescu, Ivănceanu, Stănescu, Costescu, Ceauşoglu, and Mihăescu, businessmen Moţoi, Iosifescu, and Davidescu, teachers Şerbănescu, Munteanu, Plăieşeanu, Bărbieru, and Antonescu, lawyers Vrăbiescu and Ionescu-Lungu, yeomen Moldoveanu, Stelian, and Burlacu, as well as many others who blessed that detention center with their presence.

Subjected to merciless and inhuman starvation and seclusion, without any sort of medical assistance or basic hygienic conditions, the older ones started to weaken and get sick; some of them were taken away, sent probably to a hospital from which no one ever returned. Slowly, our morale began to deteriorate, due mainly to the state of uncertainty about our fate and the reasons for our arrest; moreover, the gossip among us, which consistently alternated between optimistic and pessimistic, was making us very confused and it drained us of all power; thus, increasingly hopeless, we had gotten to the point where we crawled from place to place like shadows.

Only the priests' sermons and services would give us hope from time to time, and sometimes the brief messages and news delivered by the common prisoners, who, whenever they could, would also throw over the window bits of food wrapped in scraps of newspaper.

şi îmbarcaţi în "bou-vagoane", sub o straşnică pază, din triajul Gării Ploieşti Sud. Am călătorit zeci de ore, în condiţii ce nu se pot descrie, înghesuiţi şi lipsiţi de apă şi hrană şi cu toţii bănuiam că vom fi internaţi în lagăre sovietice. Din fericire, dacă se mai poate vorbi de fericire în asemenea îngrozitoare împrejurări, am fost debarcaţi în staţia Dorobanţi şi de-acolo, pe jos, sprijinindu-ne unii pe alţii şi ajutându-i cât se mai putea pe cei bolnavi şi bătrâni, am ajuns noaptea târziu la Colonia Poarta Albă, un fel de dispecerat al Canalului.

Cele câteva zile, poate o săptămână, cât am rămas acolo, cel mai cuprinzător şi bine organizat dintre lagărele Canalului, mi-au fost pur şi simplu salvatoare, deoarece unul dintre deţinuţii de drept comun, pe care îl apărasem cândva într-un proces, m-a alimentat substanţial, m-a îngrijit medical, mi-a asigurat odihnă şi astfel am izbutit să-mi refac puterile şi, mai ales, să-mi recapăt încrederea în rezistenţa. Cu atât mai mult, cu cât am reuşit să trimit primele veşti Vioricăi, prin rudele binefăcătorului meu, Rudolf Virtics, al cărui nume nu-l voi uita nicicând.

The anguish at that penitentiary ended the night of 18 October 1952, when we were hastily picked up and, at the South Ploieşti train station, boarded cattle cars under a strict escort. We were on the train for dozens of hours, under conditions I find difficult to describe, cramped and deprived of water or food, all of us speculating that we would be incarcerated in Soviet camps. Fortunately, if fortune has any part in such terrible occurrences, we landed at the Dorobanţi station and from there, on foot and clinging to one another, trying to help the children and the elderly, we arrived late in the night at the Poarta Albă Colony, which was some sort of dispatch station for the Canal.

Those few days, perhaps a whole week, that I spent at this colony—the largest and best organized of all the Canal camps, saved my life, because one of the common prisoners, whom I had once defended in a trial, fed me substantially, took care of my health, and made sure I got enough rest; and so I managed to regain some of my strength and especially some of my faith in the resistance movement. Even more importantly, I managed to send my first news to Viorica through the family members of my benefactor, Rudolf Virtics, whose name I will never forget.

Lagărul de exterminare
de la Coasta Galeș

Pe o vreme mohorâtă, rece și ploioasă, de parcă și vremea ne plângea de milă, tot noaptea, am fost încolonați câteva sute dintre noi și înglodați în drumurile desfundate am ajuns, nu știu după cât timp, în nou înființata colonie Coasta Galeș. Dacă memoria nu mă înșeală, era pe la sfârșitul lunii octombrie sau la începutul lunii noiembrie 1952. Imediat am fost repartizați în dormitoarele barăcilor de lemn, de câte 80 de priciuri suprapuse. Ne-am aruncat puținele lucruri pe care le mai aveam cu noi și am ieșit de-ndată pentru a ni se face ˮnumărul", una dintre cele mai istovitoare și inutile operațiuni: ne încolonam ˮpe câte cinci", pe detașamente plasate în fața barăcilor, așteptam să treacă socotitorii de mai multe ori, până când rezulta cifra totală a deținuților. Îmi amintesc cu neplăcere că au fost situații, și nu puține, când acest ˮnumăr" nu ieșea bine, se repeta ore întregi, fie dimineața, fie seara. În noaptea aceea socotelile au ieșit repede, eram puțini, apoi am fost

The Extermination Camp
At Coasta Galeş

On a bleak night, cold and rainy, as if the weather too were weeping at our misfortune, some hundreds of us were rounded up, put in single file, and made to march, half drowning in mud, until we reached the newly opened colony Coasta Galeş. If my memory doesn't betray me, the time was the end of October or the beginning of November 1952. As soon as we arrived, we were assigned bedrooms in the wooden barracks, each room containing about 80 bunks. We put down the few things we still had on us and went outside where we became the subject of "the numbering"—a tiring and most useless procedure. Ranged in groups of five before the barracks, we waited for the prisoner "counters" to walk by as many times as they needed in order to arrive at a total count of prisoners in the camp. With discontent, I still remember the times, quite a few in fact, when this "number" would come out incorrectly, and because of that, the procedure would be repeated for long hours, night or day. That

orânduiți într-un mare careu, din mijlocul căruia ni s-a adresat comandantul lagărului, despre care am aflat că se numea Borcea; acesta, după ce ne-a orbit cu un far sau cu o lanternă puternică, încercând să ne recunoască iețele, ne-a rostit on scurt și cuprinzător cuvânt, explicându-ne că am fost aduși la Canal pentru a ne ispăși păcatele săvârșite împotriva poporului, noi dușmanii înrăiți ai clasei muncitoare și că ne vom putea reabilita fie muncind fără crâcnire, fie murind cu sapa și târnăcopul în mâini. Ne-a mai atras atenția că Galeșul nu este un pension pentru domnișoare burgheze, că va trebui să ne supunem unei discipline de fier, că orice tentativă de evadare va fi pedepsită prin împușcare fără somație, că neîndeplinirea normei de muncă (opt metri cubi de pământ săpat) duce la neacordarea dreptului de a primi pachete, cărți poștale și vorbitor, iar la sfârșitul acestei încurajatoare puneri în temă, presărată cu amenițări și injurii, a ținut să ne asigure că puțini dintre noi se vor mai întoarce la casele lor. Cum s-a și întâmplat din păcate.

În continuare am fost siliți să îngenunchem și să ne descoperim pentru a fi tunși, ca oile, timp de ore întregi în ploaie și noroi. Dintre nenumăratele silnicii și batjocuri la care am fost supuși de-a lungul internării, aceasta mi s-a părut a fie cea mai înjositoare, cea mai greu de suportat, cea mai neomenoasă.

night, the arithmetic turned out all right, as there weren't very many of us. After that, we were lined up in a big square, from the center of which we were addressed by the commander of the camp, a man whose name I found out later was Borcea. After blinding us with a searchlight or some huge flashlight in an attempt to distinguish our faces, he gave a very curt speech, explaining that we had been brought to the Canal so that we might atone for our sins against the Romanian people, we, inveterate enemies of the working class; that we now had the chance to rehabilitate ourselves either by working without protest, or by dying with hoe or pickaxe in hand. He also pointed out that the Galeş was not a boarding house for aristocratic ladies, that we would have to subject ourselves to an unyielding regimen, that any attempting to escape would be shot without warning, that failure to fulfill the work quota (excavating eight cubic meters of earth) forfeited access to parcels, postcards, and visits. At the end of these encouraging remarks, rife with threats and offenses, he insisted on assuring us that few of us would ever return home. And that, unfortunately, was precisely what happened.

Next, we were forced to get down on our knees and uncover our heads, and for long hours in the rain and mud we waited like sheep to have our hair shorn. Of the many abuses and injuries that we were subjected to dur-

A doua zi, după numai câteva ore de odihnă, fiind cu neputință să adoarmă cineva, am început programul de lucru de 12 ore (zece ore de muncă efectivă, fără pauze, și alte două deplasări dus-întors de la șantier), o săptămână de zi și una de noapte. Brigada în care fusesem încadrat efectua săpături în mal și încărca vagoane cu pământul rezultat, având de îndeplinit norma de exterminare de care am vorbit. Deși eram printre cei mai tineri, neobișnuit însă cu eforturile fizice și sleit de puteri, abia mă mai puteam mișca și cădeam adesea în leșin, pe care paznicii îl socoteau simulare, aplicându-mi pe loc sancțiuni drastice. Atunci, și nu numai atunci, am simțit sprijinul frățesc al celor din jur, mai ales al celor de la țară, învățați cu munca grea, care veneau pe rând și mă ajutau să-mi îndeplinesc "porția" de pământ.

Atunci am primit încurajările și mângâierile părintelui Galeriu, care ca un apostol trecea din om în om spre a ne îmbărbăta, părintele Galeriu care a fost în stare să se descalțe pentru a-și da bocancii unui bătrân bolnav cu picioarele sângerânde. Atunci și nu numai atunci mi-am dat seama că un neam blagoslovit cu asemenea fii nu poate să fie îngenuncheat și nici să piară vreodată.

Și totuși, regimul inuman de muneă ne epuizase, ajunseserăm niște arătări jalnice care se prăbușeau prin

ing our long internment, this one seemed to me the most degrading, unbearable, and inhuman.

The following day, after only a few hours of rest, as it was impossible for us to get any sleep, we started our twelve-hour labor schedule (ten hours of continuous work, with no breaks at all, plus the two hours walking to and from the work site), days one week, nights the next. My brigade was tasked with digging on the shore and loading the earth onto rail cars. Although I was one of the younger prisoners, I was unaccustomed to physical effort, and so, worn out, I could barely move and I fainted many times, which the guards always interpreted as malingering, and so sanctioned me on the spot. Then and only then did I feel the brotherly support of those around me, in particular the peasantry, who were used to hard labor and who would come to my aid so that I could move my "share" of earth.

It was in those moments, too, that I benefited from the encouragement and the comfort of Father Galeriu, who, like an apostle, would pause by each man to hearten him; Father Galeriu, who would remove his shoes and give them to an old man with bleeding feet. Then and only then did I become aware that a people blessed with sons like him can neither be made to fall down on its knees nor vanquished.

șanțuri, sau se aruncau în gardurile de sârmă ghimpată pentru a fi împușcați. Am fost martor încremenit al unor asemenea acte disperate de sinucidere, ca și al acelora ce se aruncau înaintea vagoanelor pentru a-și sfârși chinurile sau neputința de a le mai înfrunta. Lipsa de apă ne deshidratase și tocmai apa a fost aceea care ne-a salvat în ultima clipă. O ploaie torențială, interminabilă, un adevărat potop, a determinat întreruperea lucrărilor aproape o săptămână, timp în care, cu voia sau fără voia paznicilor și a călăilor, ne-am refăcut forțele și speranțele.

Și, așa cum se întâmplă când Dumnezeu te ajută, am fost chemat într-o seară să-mi ridic primul pachet trimis de acasă; era o lădița frumos ambalată, plină cu alimente și îmbrăcăminte, pentru care am semnat de primire și am plecat cu ea în brațe spre baracă. M-am oprit lângă un stâlp luminat și m-am așezat pe o lespede să-mi trag sufletul, căci și pachetul, oricât de mult îl așteptasem, mi se părea greu; uitându-mă la el, am putut citi numele expeditorului: Răzvan Ionescu-Quintus. Așa am aflat, cu ochii plini de lacrimile bucuriei, vestea că mi se născuse un fiu. Am strâns la piept pachetul, precum aveam să fac, după doi ani, cu năzdrăvanul ce-mi spunea "tata din fotografie", cum îl învățase, în serile de taină, vrednica lui mamă și tot atât de devotata mea Viorica.

And yet, the inhuman regimen of labor had exhausted us, and we started to look like pathetic ghosts falling in ditches or thrust into the barbed wire to be shot down. I stood petrified witness to some of these desperate acts of suicide, as well as to others, such as jumping in front of the train in order to put an end to the suffering or to the inability to face it. The lack of water had dehydrated us, although it was water nonetheless which saved us in the end. A rain, dense and interminable, a real downpour, halted the work for almost a week, during which time we regained some of our strength and hopes, with or without the permission of our guards and executioners.

Soon afterwards, as it happens always when God decides to come to your aid, I was called one evening to come and get my first package, a nicely wrapped box filled with food and clothing. I signed for it and then started to walk back to my bunk carrying it in my arms. I stopped by a lit lamppost and sat down on a rock to catch my breath, for even that long-awaited package seemed heavy to me. Looking down at it, I suddenly saw the sender's name: Răzvan Ionescu-Quintus. That was how I learned, my eyes filled with tears of joy, that my son was born. I clutched the package to my heart the same way I would my wondrous son two years later, who would call me "Papa from the photo" the way he had been taught on winter nights by his righteous mother, my devoted Viorica.

Poate va veni timpul, sau îmi voi putea face timp să scriu câte ceva, sau să-mi rescriu amintirile despre suferințele de neimaginat îndurate în gulagul românesc, tot atât de înfiorător ca și cel din răsăritul îndepărtat, despre genocidul ce s-a organizat și înfăptuit cu o cruzime și cu o vrăjmășie străine de simțămintele noastre creștine, de îndurarea și omenia ce ne-a caracterizat în această parte a lumii, să scriu cu pioșenie și mândrie despre zecile, sutele de mii de prigoniți, despre eroismul cu care au înfruntat asuprirea, despre demnitatea cu care au sfidat moartea.

Lor mă închin, lor le închin aceste simple versuri de după zăbrele.

Maybe the time will come, or maybe I will find the opportunity to write down my recollections of the unimaginable suffering that I saw in the Romanian Gulag, as dramatic as the suffering that happened in the Far East, of the genocide that was organized and carried out with a cruelty and a wrath so foreign to our Christian sentiments, of the agony and the humanity that defines us in this part of the world, to write with devotion and pride about the tens, the hundreds of thousands of persecuted, about the courage with which they resisted oppression, about the dignity with which they defied death.

To them I bow; to them I dedicate these simple lyrics from behind bars.

Scrisoare din
Colonia Coasta Galeș

Mult iubita mea Viorica,

Să ne trăiască băiețelul: purtați-i de grijă lui și vouă, împlinindu-vă lipsurile. Sunt sănătos, am primit lădița expediată de Răzvan; îmi înțelegi bucuria, știam că s-a născut și am aflat cum se cheamă. Te rog trimite lunar pachet cu alimente (...). De Sărbători aștept fotografia ta cu Răzvan și bunătăți de casă. Îmi poți scrie o carte poștală în fiecare lună.

Transmite tuturor gândul meu drag, iar tine și pe copil vă îmbrățișez cu îngemănată iubire de soț și tată fericit.

Mircea
5 decembrie 1952

Letter From
The Coasta Galeş Colony

My Beloved Viorica,

May our little boy live a long life. Please care for him and for yourself, and may all of your needs be fulfilled. I am healthy; I received the little package that Răzvan sent to me, so you probably understand my joy as I found out he was born and learned his name. Please send me more food on a monthly basis . . . . For the holidays, I look forward to receiving a picture of you and Răzvan and homemade goods. You can send a postcard every month.

Give my dearest wishes to everyone, and I embrace you and our child with my abiding love as husband and father.

Mircea
5 December 1952

Scrisoare din
Colonia Peninsula Valea Neagră

Iubita mea Viorica,

Încep primăvara cu bucuria fără margini pe care o trăiesc ori de câte ori mă apropii cu gândul sau cu scrisul de tine. Iarna și-a strâns bătrânețile de pe tinerețea noastră și putem lucra mai ușor. (. . .) Sănătos, voinic, mai bine dispus, același pe care îl știi, pe care îl aștepți, pe care îl visezi (. . .). Să-mi scrii, te rog, pe adresa de pe verso. Mi-e dor de voi toți și vă doresc neîncetat. Sărută pe mamele, frații și nașii noștri. Pe Răzvan, cel mai drag de pe pământ și pe tine, cea mai vrednică și bună părtașă de viață, vă strâng strașnic în brațe.

Mircea
18 aprilie 1953

Letter From
The Peninsula Valea Neagră Colony

My Beloved Viorica,

I begin this spring with the boundless joy that I relive each time I approach you in my thoughts or writing. Winter has lifted her decrepitude from our youth, and now we can work more easily . . . . I am healthier, stronger, better-humored—the same one that you know, wait for, and dream of . . . . Please write to me at the address on the reverse. I miss you all and I long for you endlessly. Send my love to our mothers, brothers, and godparents. I will forever hold in my arms Răzvan, the dearest one on Earth, and you, the worthiest and best life partner.

Mircea
18 April 1953

Scrisoare din
Colonia Borzești

Primele rânduri din acest an, ca și gândurile dintâi îndreptate spre voi în noaptea Anului Nou, plină de lumini și de speranțe, vă aduc urările mele de sănătate, înțelepciune, cumpătare și răbdare, pe aripa iubirii calde, izvorâte din străfunduri, în care voi, copiii mei neasemuit de dragi, îmi sunteți icoane, reazem și singure bucurii. Senin și calm, ca alb-albastrul fără de margini ce ne îmbrățișează de peste tot, sufletul meu adună în fiece clipă, din fiece loc, comori pentru voi, pentru ziua când, sfârșindu-se ispășirea nedreaptă, ne vom împărtăși iarăși din căldura căminului nostru. Mă bucur de sănătate și încredere și aștept vorbitorul de astăzi să te văd și să-ți spun tot ce nu încape în aste rânduri. Pe cei dragi nouă și pe voi, iubiții mei cei buni, vă sărut și vă urez la mulți ani!

Mircea
16 ianuarie 1954

Letter From
The Borzeşti Colony

*With this new year's first lines as well as my thoughts of
you on this New Year's Eve, full of light and hope, I wish you
good health, wisdom, sobriety, and patience, on the wings of
my warm love, sprung from the deepest depth, where you, my
dearest children, are my icons, my support, and my only joy.
Serene and calm, like the blue-white of all that surrounds us,
my soul gathers, every moment and from every place, trea-
sures for you, for the day when, at the end of our unjust suf-
fering, we will again share the warmth of our home. I am in
good health and faith, and I look forward to today's visit from
you, to see you and to tell you the things that these lines can-
not tell. To our dear ones and to you, my kind, most cherished
you, I give my love and wish you a Happy New Year!*

Mircea
6 January 1954

Illustrations | *Ilustrații*

Valea Neagră Colony — December 1952
Colonia Valea Neagră — decembrie 1952

[Portrait drawn by an anonymous prisoner |
Portret desenat de un deținut anonim]

Borzeşti Colony — January 1954
Colonia Borzeşti — ianuarie 1954

[*Portrait drawn by an anonymous prisoner* |
Portret desenat de un deţinut anonim]

Far away from the world . . .
Departe de lume . . .

Postcard from the Valea Neagră Colony
Carte poștală din Colonia Neagră

Far away from the world . . .
Departe de lume . . .

Postcard from the Borzești Colony
Carte poștală din Colonia Borzești

Discharge Certificate (1954)
Bilet de eliberare (1954)

REPUBLICA POPULARĂ ROMÎNA
MINISTERUL AFACERILOR INTERNE
SERVICIUL PENITENCIARE

Anul 1957 luna martie ziua 7

Penitenciarul *Ploești*

Bilet de liberare nr. 206   1957
(pentru preveniți)

Numit *ul IONESCU QUINTUS MIRCEA*
fi *ul* lui *Ion*, și al *Maria*
născut în anul *1917* luna *martie*
ziua *18* în comuna *Kerson Ujdos*
raionul *Kerson* regiunea —
de ocupațiune *Avocat*
care a fost depus ca Prevenit de la data *28-12-56*
de către *U.M.Nr. 0329 Ploești*
cu mandatul de arestare (adresa) nr. *127*
195.6 al *U.M.Nr. 0329 Ploești*
pentru faptul de *Art. 209 pard. III a C.P.*
astăzi *7 martie 1957* s-a pus în
libertate pe baza adresei nr. *181083* 195 *7*
a *U.M.Nr. 0329 Ploești*
fiind *conf. Ord. Nr. 206/957*
urmînd a se stabili în comuna *Ploești*
str. *V. Boldur* nr. *20* raionul *Ploești*
— regiunea *Ploești*

Semnalmente:

Talia *1.70* m.
Fruntea *mijlocie*
Nasul *rectiliniu*
Gura *potrivita*
Bărbia *ovală*
Fața *prelungă*
Ochii *căprui*
Părul *negru*
Sprîncenele *arcuite*
Barba *rade*
Urechile *mijl.*
Mustața *rade*
Semne particulare
(semne, cicatrice, ta-
tuaje, etc.)
NU ARE

Munca depusă în penitenciar (meseria învățată) : *NU*

Numărul certificatului de calificare *NU*

Conform legilor în vigoare, susnumit *ul* poate munci în Intreprinderile
de Stat sau particulare.

Drept pentru care i s-a eliberat prezentul.

COMANDANT

Șeful Biroului Evidență și Cazier,

c. 1385

Discharge Certificate (1957)
Bilet de eliberare (1957)

ROMANIA – THE CONCENTRATION CAMP SYSTEM
1945-1989

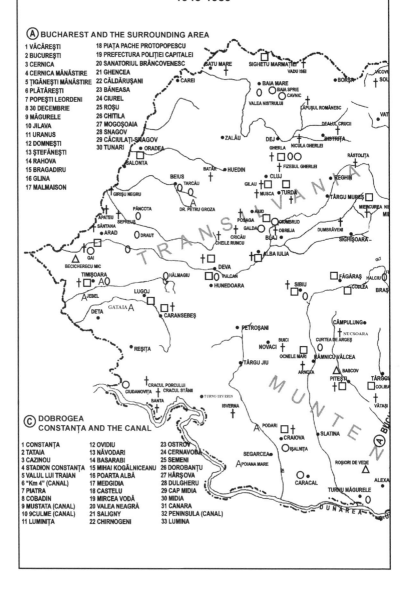

(A) BUCHAREST AND THE SURROUNDING AREA

1 VĂCĂREŞTI
2 BUCUREŞTI
3 CERNICA
4 CERNICA MĂNĂSTIRE
5 ŢIGĂNEŞTI MĂNĂSTIRE
6 PLĂTĂREŞTI
7 POPEŞTI LEORDENI
8 30 DECEMBRIE
9 MĂGURELE
10 JILAVA
11 URANUS
12 DOMNEŞTI
13 ŞTEFĂNEŞTI
14 RAHOVA
15 BRAGADIRU
16 GLINA
17 MALMAISON
18 PIAŢA PACHE PROTOPOPESCU
19 PREFECTURA POLIŢIEI CAPITALEI
20 SANATORIUL BRÂNCOVENESC
21 GHENCEA
22 CĂLDĂRUŞANI
23 BĂNEASA
24 CIUREL
25 ROŞU
26 CHITILA
27 MOGOŞOAIA
28 SNAGOV
29 CĂCIULAŢI-SNAGOV
30 TUNARI

(C) DOBROGEA
CONSTANŢA AND THE CANAL

1 CONSTANŢA
2 TATAIA
3 CAZINOU
4 STADION CONSTANŢA
5 VALUL LUI TRAIAN
6 "Km 4" (CANAL)
7 PIATRA
8 COBADIN
9 MUSTATA (CANAL)
10 9CULME (CANAL)
11 LUMINIŢA
12 OVIDIU
13 NĂVODARI
14 BASARABI
15 MIHAI KOGĂLNICEANU
16 POARTA ALBĂ
17 MEDGIDIA
18 CASTELU
19 MIRCEA VODĂ
20 VALEA NEAGRĂ
21 SALIGNY
22 CHIRNOGENI
23 OSTROV
24 CERNAVODA
25 SEMENI
26 DOROBANŢU
27 HĂRŞOVA
28 DULGHERU
29 CAP MIDIA
30 MIDIA
31 CANARA
32 PENINSULA (CANAL)
33 LUMINA

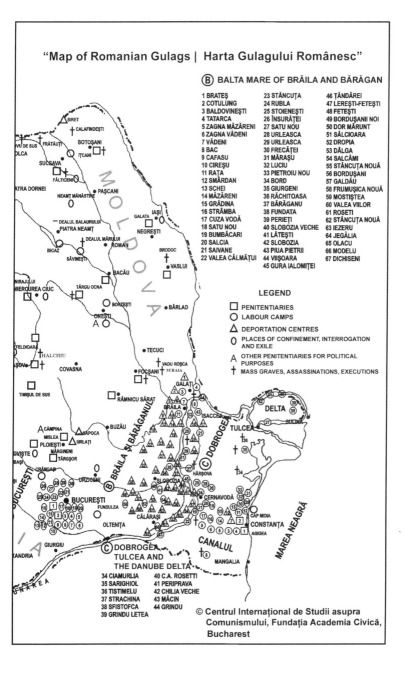

"Map of Romanian Gulags | Harta Gulagului Românesc"

Ⓑ BALTA MARE OF BRĂILA AND BĂRĂGAN

1 BRATEŞ	23 STĂNCUŢA	46 ŢĂNDĂREI
2 COTULUNG	24 RUBLA	47 LEREŞTI-FETEŞTI
3 BALDOVINEŞTI	25 STOIENEŞTI	48 FETEŞTI
4 TATARCA	26 ÎNSURĂŢEI	49 BORDUŞANII NOI
5 ZAGNA MĂZĂRENI	27 SATU NOU	50 DOR MĂRUNT
6 ZAGNA VĂDENI	28 URLEASCA	51 SĂLCIOARA
7 VĂDENI	29 URLEASCA	52 DROPIA
8 BAC	30 FRECĂŢEI	53 DÂLGA
9 CAFASU	31 MĂRAŞU	54 SALCÂMI
10 CIREŞU	32 LUCIU	55 STĂNCUŢA NOUĂ
11 RAŢA	33 PIETROIU NOU	56 BORDUŞANI
12 SMÂRDAN	34 BORD	57 GALDĂU
13 SCHEI	35 GIURGENI	58 FRUMUŞICA NOUĂ
14 MĂZĂRENI	36 RĂCHITOASA	59 MOSTIŞTEA
15 GRĂDINA	37 BĂRĂGANU	60 VALEA VIILOR
16 STRÂMBA	38 FUNDATA	61 ROSETI
17 CUZA VODĂ	39 PERIEŢI	62 STĂNCUŢA NOUĂ
18 SATU NOU	40 SLOBOZIA VECHE	63 IEZERU
19 BUMBĂCARI	41 LĂTEŞTI	64 JEGĂLIA
20 SALCIA	42 SLOBOZIA	65 OLACU
21 SAIVANE	43 PIUA PIETRII	66 MODELU
22 VALEA CĂLMĂŢUI	44 VIIŞOARA	67 DICHISENI
	45 GURA IALOMIŢEI	

LEGEND

☐ PENITENTIARIES

○ LABOUR CAMPS

△ DEPORTATION CENTRES

Ⓞ PLACES OF CONFINEMENT, INTERROGATION AND EXILE

A OTHER PENITENTIARIES FOR POLITICAL PURPOSES

† MASS GRAVES, ASSASSINATIONS, EXECUTIONS

Ⓒ DOBROGEA TULCEA AND THE DANUBE DELTA

34 CIAMURLIA	40 C.A. ROSETTI
35 SARIGHIOL	41 PERIPRAVA
36 TISTIMELU	42 CHILIA VECHE
37 STRACHINA	43 MĂCIN
38 SFISTOFCA	44 GRINDU
39 GRINDU LETEA	

© Centrul Internațional de Studii asupra Comunismului, Fundația Academia Civică, Bucharest

Biography | *Biografie*

Biografie

Mircea Ionescu-Quintus s-a născut la data de 18 martie 1918 în Cherson, Ucraina, unde familia sa se retrăsese pentru a se feri de război și de ocupația străină din România. Tatăl său, Ion Ionescu-Quintus, a fost avocat și om politic de renume; mama sa, Marioara Naumescu, a fost casnică. Odată cu reinstaurarea păcii în România, familia s-a întors în orașul natal, Ploiești, județul Prahova. Ion Ionescu-Quintus a fost liberal brătienist; a început ca primar al orașului și apoi a fost de nouă ori membru în parlamentul României unde a avansat până la poziția de vice-președinte al Camerei Deputaților. Așa cum avea să devină și fiul său peste ani, Ion Ionescu-Quintus a fost un scriitor reputat, lăsând în urmă o moștenire literară onorată cel mai recent în 2005, când Consiliul Județean Prahova a dat muzeului de artă al județului denumirea de *Muzeul de Arta "Ion Ionescu-Quintus"* (Ion Ionescu-Quintus fusese unul dintre întemeietorii de seamă ai muzeului). Ion Ionescu-Quintus a avut o mare influență asupra fiului său Mircea, care a crescut în mijlocul activităților politice ale

Biography

Mircea Ionescu-Quintus was born on March 18, 1917, in Kherson, Ukraine, where the family had fled to escape the war and occupation of Romania. His father, Ion Ionescu-Quintus, was a lawyer and influential politician; his mother, Marioara Naumescu, was a housewife. Once peace was restored, the family returned to their hometown, the city of Ploiești in Prahova county, Romania. Mircea's father was a liberal leader who would become mayor of the city and went on to hold nine seats in Romania's parliament, culminating in the vice-presidency of the Romanian Chamber of Deputies. Like his son, Ion was a beloved writer whose legacy was honored as recently as 2005, when Prahova County Council named their Art Museum the "Ion Ionescu-Quintus" Museum of Art of Prahova (Ion had been one of the Museum's most important founders in 1931). Ion would prove to be the greatest influence on young Mircea, who grew up amidst his father's political activities, the family home frequently visited by politicians from all sides of the political spectrum.

tatălui său, casa părintească fiind des vizitată de oameni politici de toate apartenențele.

Tânărul Mircea și-a urmărit țara trecând printre niște schimbări tulburătoare, fiind martor în principal la renunțarea României la statutul de monarhie ca urmare a tumultului social și politic din acea vreme. În anii de liceu la Sfântul Petru și Pavel din Ploiești (1927-1934), el a căpătat un respect deosebit pentru unul din musafirii frecvenți ai tatălui său: Ion Gheorghe Duca, cel care a fost prim ministru al României timp de mai puțin de două luni la sfârșitul anului 1933, asasinat fiind din cauza încercărilor sale de a pune capăt mișcării Gărzii de Fier. Ionescu-Quintus îl menționează des pe Duca drept mentor și figură politică paternă, iar moartea lui, la doar trei luni după moartea naturală a lui Ion Ionescu-Quintus, a lăsat o amprentă puternică asupra adolescentului. În primăvara următoare, a fost rugat să ia cuvântul cu ocazia dezvelirii bustului lui Duca. Având pe atunci doar 17 ani, își amintește cum s-a simțit reticent și stingher la acest eveniment, dar un prieten al familiei și politician important nu a ezitat să îi reamintească: „Nu uita tinere că dacă ar fi trăit tatăl dumitale ar fi vorbit el. Ai această obligație!". Mircea a simțit chemarea datoriei și odată cu luarea cuvântului a devenit membru al Tineretului Național Liberal. În discursul ținut, a protestat împotriva mișcării legionare (Garda de Fier) care devenise extrem

As a teenager Mircea witnessed his country in turmoil, as Romania, still a monarchy at the time, went through a period of social unrest and political upheaval. While attending the St. Peter and Paul High School in Ploieşti (1927–1934), he developed a special regard for one of his father's frequent visitors: Ion Gheorghe Duca, who became prime minister of Romania for less than two months at the end of 1933 before being killed in an assassination for his efforts to suppress the fascist Iron Guard movement. Ionescu-Quintus often refers to Duca as his mentor and political father figure, and when he was assassinated—only three months after Mircea's father's natural death—it left a deep mark on him. When a statue of Duca was unveiled the following spring, Mircea was asked to give a speech at the occasion. Barely seventeen years old, he recalls being reluctant and feeling out of place, but a friend of the family and prominent politician reminded him that "your father would have spoken here today. You must do your duty and fill his shoes. This is your time." Mircea felt the call of duty, and thus, by giving the speech, he became a member of the National Liberal Youth. He spoke out in protest against the hugely popular Legionnaires movement (the Iron Guard), for their barbaric assassination of Duca. The speech would propel him into the public eye and marked the beginning of his long political life.

de populară și care a fost în spatele asasinării brutale a lui Duca. Mai mult de atât, cuvântarea l-a lansat pe Mircea Ionescu-Quintus în viața publică și a marcat începutul carierei sale politice, o cariera care ține de peste 75 de ani.

În 1938, Ionescu-Quintus a absolvit Facultatea de Drept la Universitatea din București, cu specializarea în drept constituțional. În același an s-a înrolat în armată, preferând serviciul militar deși avea dreptul de a refuza pe baza faptului că era singurul susținător financiar al familiei. A excelat în armată, ridicându-se rapid la rangul de locotenent și apoi de căpitan. Pentru valoarea sa în bătălia de la Odesa din vara și toamna lui 1941, regele Mihai I i-a acordat distincția rară de "Coroana Română" pentru virtute militară. Din vara lui 1942 până în primăvara lui 1943, Ionescu-Quintus a continuat să lupte pe frontul rus, iar din toamna lui 1943 până în iarna lui 1944 în Basarabia. A ieșit din armată în octombrie 1945, la finalul războiului.

În 1944, prim ministrul României mareșalul Ion Antonescu a fost demis și arestat la ordinele regelui Mihai I, moment care a coincis cu trecerea țării de partea Aliaților. În ciuda acestei loialități de ultim moment, România a fost dezbinată după război, iar rolul său în înfrângerea Germaniei naziste nu a fost recunoscut. În timpul ocupației sovietice care a urmat, guvernul comunist român a organizat alegeri noi care au fost câștigate cu 80%

In 1938, Ionescu-Quintus graduated from the faculty of Law at the University of Bucharest with a Bachelor's degree, specializing in Constitutional law. Later that year he joined the military, waiving what would have been his legal right to abstain from service based on being the sole remaining male provider in his family. He excelled in the army, soon rising to the rank of lieutenant and then captain. For his valor in battle at Odessa during the summer and fall of 1941, King Michael I awarded him the rare distinction of the Romanian Crown for military virtue. Ionescu-Quintus went on to fight at the Russian front from the summer of 1942 to the spring of 1943, and then at Bessarabia from the Fall of 1943 until the winter of 1944. After the war he quit the army in October of 1945.

In 1944, Romania's prime minister, Antonescu, was toppled and arrested by King Michael, and the country changed allegiance, joining the allies. Despite this late association with the winning side, Romania was largely dismantled after the war and its role in the defeat of Nazi Germany was not recognized. During the subsequent Soviet occupation, the Communist-dominated government called new elections, which were won with 80% of the vote. They thus rapidly established themselves as the dominant political force. In 1947, the Communists forced King Michael to abdicate and leave the country,

din voturi, și astfel puterea comunistă s-a stabilit rapid ca forță politică predominantă. În 1947, regele Mihai a fost forțat să abdice și să părăsească tara, după care România a fost declarată republică a poporului. În aceasta perioadă, guvernul comunist a instaurat un regim de teroare, orchestrat în principal prin intermediul Securității, poliția secretă a guvernului: au avut loc multe operațiuni de eliminare a „inamicilor statului," în decursul cărora mulți au fost omorâți sau deținuți pe motive politice sau economice. Forme de pedeapsă au fost deportarea, exilul intern și internarea în închisori și lagăre de concentrare, iar orice formă de dizidență a fost suprimată. Acest regim de guvernare avea sa dureze patruzeci de ani.

Ionescu-Quintus și-a început cariera ca procuror în Prahova, iar din 1936, a devenit membru oficial al Partidului Național Liberal (trebuie menționat însă faptul că odată cu venirea la putere a comuniștilor în 1947 toate celelalte partide politice, inclusive PNL-ul, au devenit defuncte). În 1943 a fost publicată prima carte de epigrame, Zâmbind în fața adversității, și tot în acel an s-a cunoscut cu viitoarea lui soție, Viorica-Ileana Mazilu, care era pe atunci studentă la Istoria Artelor. Ei s-au îndrăgostit și s-au căsătorit în iunie 1947. Urmând sfatul tatălui său dat pe pat de moarte, "să nu intre niciodată în politică," Ionescu-Quintus a rezistat tentației de a se implica în mișcarea de rezistență, dar după abdicarea

and they proclaimed Romania a people's republic. During this period the Communist government established a reign of terror, carried out mainly through the "Securitate," the government's secret police. Many campaigns were launched to eliminate "enemies of the state," in which numerous individuals were killed or imprisoned for political or economic reasons. Punishment included deportation, internal exile, and internment in forced labor camps and prisons; dissent was vigorously suppressed. Communist rule in Romania would last for over 40 years.

During this time Ionescu-Quintus was a practicing attorney at law in Prahova and, from 1936, an official member of the National Liberal Party. (However, starting with the Communist takeover in 1947, all other parties, including the NLP, were rendered effectively defunct.) He published his first book of epigrams, *Smiling in the Face of Adversity* (1943), and he met his wife, Viorica-Ileana Mazalu, who was an Art History major. They fell in love and married in June of 1947. Following his father's advice, given at his deathbed, to "never enter politics," he withstood the temptation to become actively involved in the resistance movement, but when King Michael abdicated in 1947 he knew it was only a matter of time before he would be targeted for his refusal to fall in step with the regime's propaganda.

regelui Mihai în 1947 şi-a dat seamă că nu era decât o chestiune de timp până ce va fi pus în urmărire din cauza refuzului său de a se conforma cu propaganda noului regim.

În noaptea de 15 august 1952, fără avertizare sau explicații, Ionescu-Quintus a fost luat de acasă de Securitate sub pretextul ca ar fi participat în activități antiguvernamentale. Şi-a lăsat în urmă soția tremurând, însărcinată pe atunci cu fiul lor. După ce a fost ținut la penitenciarul de la Ploieşti mai bine de două luni, a fost trimis către unul dintre cele mai mari lagăre de muncă din țară, Canalul Dunăre-Marea Neagră, condiție binecunoscută de toată lumea drept „ munca la Canal."

În cele optsprezece luni care au urmat, Ionescu-Quintus a trecut printre orori de nedescris împreună cu alți zeci de mii de prizonieri politici, forțați să lucreze la excavarea canalului doisprezece ore pe zi, şapte zile pe săptămână. Fiul lui, Răzvan, s-a născut exact în acest timp, fapt de care Ionescu-Quintus a luat cunoştință doar prin intermediul unui pachet trimis de soția sa pe care era trecută adresa de retur "Răzvan Ionescu-Quintus" (fiind monitorizate îndeaproape toate formele de comunicare, Viorica nu a putut risca să anunțe în mod explicit naşterea copilului lor). În timpul detenției, Ionescu-Quintus urmărit cum nenumărați colegi – dizidenți ca şi el, generali,

During the night of August 15, 1952, without warning or explanation, Ionescu-Quintus was seized from his home by the Securitate on suspicion of counter-government activities, leaving behind his shivering wife, who was pregnant with their son at the time. After being held at the Ploiești penitentiary for over two months, he was shipped off to one of the largest forced labor camps at the Danube–Black Sea Canal.

For the next eighteen months Ionescu-Quintus endured unspeakable horrors alongside tens of thousands of other political prisoners, forced to work twelve hours a day, seven days a week, on the excavation of the canal. His son, Răzvan, was born during this time, a fact he was notified of only through a package sent to him by his wife with the return address: "Răzvan Ionescu-Quintus" (since all written communication was closely monitored, Viorica could not risk explicitly announcing the birth of their child in a letter). He watched as countless of his comrades—fellow "dissidents" who were generals, politicians, academics, scientists, writers, intellectuals and businessmen—were beaten, tortured, denied medical attention, forced to live in unsanitary conditions, exhausted by physical labor, and, not rarely, driven to suicide. Some accounts estimate as many as half a million slave laborers died during the construction of the Canal. As Ionescu-Quintus recalls in *The Devil's*

politicieni, oameni academici, oameni de știință, scriitori, intelectuali și oameni de afaceri – erau bătuți, torturați, refuzați asistență medicală, forțați să supraviețuiască în condiții neigienice, terminați de munca fizică și, nu rar, împinși spre sinucidere. Conform unor surse, au murit în timpul construirii canalului în jur de o jumătate de milion de prizonieri. Așa cum își amintește și Ionescu-Quintus în „Moara Dracilor," prea puțini din cei cu care a ajuns acolo s-au mai întors acasă.

Ionescu-Quintus a fost eliberat în cele din urmă pe 30 aprilie 1954 din colonia Borzești. După întoarcerea acasă pentru a se realătura soției și fiului lor, a continuat să fie persecutat de Securitate din cauza opiniilor sale neconformiste și din cauza refuzului de a coopera cu regimul comunist. Necontenit a fost interogat, amenințat, forțat să spună ce el sau altcineva a spus sau făcut ori conspirat împotriva sistemului. Ionescu-Quintus nu a trădat pe nimeni, dar protocoalele acestor interogatorii au fost păstrate la dosar timp de mulți ani. În perioada anilor 2000, aceste documente au fost publicate și folosite de oponenți politici ca dovadă ca el „cooperase" cu Securitatea în timpul comunismului. Ionescu-Quintus s-a luptat și a câștigat cazul împotriva acestor acuzații și deși a avut intenția să renunțe la poziția de președinte de onoare al PNL în timpul acestor proceduri, colegii săi i-au refuzat cererea și i-au apărat onoarea cu loialitate. Cu toate acestea

Grinder, few of the men with whom he arrived ever returned home.

Ionescu-Quintus was eventually released from Camp Borzeşti on April 30, 1954. Over the coming years, after returning home to rejoin his wife and son, he continued to be persecuted by the Securitate for his non-conformist views and refusal to cooperate with the communist regime. He was repeatedly interrogated, threatened, forced to tell what he or someone else had said or done or were conspiring to do against the System. He never betrayed a soul, but the protocols of these interrogations were kept on file for many years. In early 2000, these documents were published and used by political opponents as proof that he had "co-operated" with the Securitate during Communism. Ionescu-Quintus fought and won the case against these allegations, and while he wanted to step down as honorary president of the NLP during the procedures, his colleagues refused his request, faithfully defending his honor. Despite the legal victory, the profound injustice of these charges took a heavy toll on him.

After being released from prison, Ionescu-Quintus continued his career in law and academia and published the bulk of his literary work. He would not re-enter politics until the Romanian Revolution and the momentous fall

și în ciuda victoriei legale, injustiția profundă din spatele acestor acuzații a continuat să îl marcheze adânc.

După ce a ieșit din închisoare, Mircea Ionescu-Quintus și-a continuat atât cariera în avocatură cât și pe cea universitară și și-a publicat majoritatea lucrărilor literare. Nu a reintrat în viața politică decât după revoluția din 1989 care a marcat în mod memorabil atât căderea comunismului cât și execuția dictatorului Nicolae Ceaușescu, transmisă în direct de televiziunea română națională și internațională. Ionescu-Quintus a jucat un rol decisiv în restabilirea unuia dintre cele mai importante partide politice cenzurate de comunism, Partidul Național Liberal. A fost vicepreședinte al partidului între anii 1990 și 1992 și președinte între 1993 și 2001. În același timp, a servit ca vice președinte al Camerei Deputaților (1990-1991) și ca ministru al Justiției (1991-1992). Activitatea sa politică a condus la unificarea tuturor partidelor liberale din România dintre 1994 și 1997. A fost senator de Prahova din 1996 pana în 2008 și a servit ca vice președinte (1996-1999) și președinte (1999-2000) al Senatului. Ionescu-Quintus a contribuit la formularea noii constituții a României prin redactarea unora din cele mai importante secțiuni și capitole.

Mircea Ionescu-Quintus a fost făcut cavaler de două ori, o dată de regina Danemarcei și o dată de preșe-

of Communism, which was marked by the internationally televised execution of dictator Nicolae Ceauşescu in December of 1989. In the aftermath, Ionescu-Quintus's role was pivotal in the re-establishment of one of the most important democratic political parties in Romania which Communism had outlawed: the National Liberal Party. He was elected its Vice President (1990–1992), and then President (1993–2001), and he simultaneously served as Vice President of the Assembly of Deputies (1990–1991), and as Minister of Justice in the Cabinet (1991–1992). His political leadership led to the unification of all liberal parties in Romania between 1994 and 1997. He was a Senator of Prahova from 1996 until 2008, and he served as Vice President (1996–1999) and then as President (1999–2000) of the Senate. Throughout this time he contributed substantially to the formulation of the new Romanian Constitution, and several of its most important texts to date are his work.

Mircea Ionescu-Quintus was knighted twice, once by the Queen of Denmark, and once by the President of Portugal (both in the year 2000). On October 19, 2002, he was named Honorary President of the National Liberal Party, and in 2004 he received the highest Romanian distinction, the Romanian Star for outstanding political service. In 2008 he was featured as one of the 101 Most Successful People in Romania, publicized in a special re-

dintele Portugaliei (ambele dăți în anul 2000). La 19 octombrie 2002 a fost numit președinte de onoare al Partidului Național Liberal, iar în 2004 a primit cea mai înaltă distincție românească, „Steaua României" pentru contribuția deosebit de importantă din domeniul politic. În 2008, ziarul Cotidianul l-a numit unul din cei 101 români de succes, fiind apoi onorat în decembrie al aceluiași an în cadrul unei ceremonii televizate național. În aprilie 2009 a fost înaintat în grad de președintele Traian Băsescu și a căpătat titlul onorific de general de brigadă în retragere pentru serviciul militar din timpul celui de-al doilea război mondial. În martie 2012, în cadrul Galei Parlamentare Anuale, TNL (Tineretul Național Liberal) i-a oferit premiul pentru cea mai îndelungată activitate politică. Mircea Ionescu-Quintus a acceptat premiul urcând pe scena împreună cu soția lui Viorica sub aplauze furtunoase.

port in the Romanian newspaper *Cotidianul* and honored by a nationally televised celebration in December of that year. In April of 2009 he received the honorary degree of Retired Brigadier General from President Traian Basescu for his military service during the Second World War, and just recently, in March 2012, TNL (The National Liberal Youth) presented him with the Award for Longest Political Activity at their Annual Parliamentary Gala. Mircea Ionescu-Quintus accepted the award on stage, together with his wife Viorica, to a standing ovation.

PRE-SOCRATICS

By Being, It Is: *The Thesis of Parmenides* by Néstor-Luis Cordero

Parmenides and the History of Dialectic: *Three Essays* by Scott Austin

Parmenides, Venerable and Awesome: *Proceedings of the International Symposium* edited by Néstor-Luis Cordero

The Fragments of Parmenides: *A Critical Text with Introduction and Translation, the Ancient Testimonia and a Commentary* by A. H. Coxon. Revised and Expanded Edition edited with new Translations by Richard McKirahan and a new Preface by Malcolm Schofield

The Legacy of Parmenides: *Eleatic Monism and Later Presocratic Thought* by Patricia Curd

The Route of Parmenides: *Revised and Expanded Edition, With a New Introduction, Three Supplemental Essays, and an Essay by Gregory Vlastos* by Alexander P. D. Mourelatos

To Think Like God: *Pythagoras and Parmenides. The Origins of Philosophy.* Scholarly and fully annotated edition by Arnold Hermann

The Illustrated To Think Like God: *Pythagoras and Parmenides. The Origins of Philosophy* by Arnold Hermann with over 200 full color illustrations

Presocratics and Plato: *A Festschrift in Honor of Charles Kahn* edited by Richard Patterson, Vassilis Karasmanis, and Arnold Hermann

PLATO

A Stranger's Knowledge: Statesmanship, Philosophy, and Law in Plato's **Statesman** by Xavier Márquez

God and Forms in Plato by Richard D. Mohr

Image and Paradigm in Plato's **Sophist** by David Ambuel

Interpreting Plato's Dialogues by J. Angelo Corlett

One Book, the Whole Universe: *Plato's* Timaeus *Today* edited by
Richard D. Mohr and Barbara M. Sattler

Platonic Patterns: *A Collection of Studies* by Holger Thesleff

Plato's Late Ontology: *A Riddle Resolved* by Kenneth M. Sayre

***Plato's* Parmenides:** *Text, Translation & Introductory Essay* by
Arnold Hermann. Translation in collaboration with Sylvana
Chrysakopoulou with a Foreword by Douglas Hedley

Plato's Universe by Gregory Vlastos

***The Philosopher in Plato's* Statesman** by Mitchell Miller

ARISTOTLE

***One and Many in Aristotle's* Metaphysics**—*Volume I:*
Books Alpha-Delta by Edward C. Halper

***One and Many in Aristotle's* Metaphysics**—*Volume 2:*
The Central Books by Edward C. Halper

***Reading Aristotle:* Physics VII.3 "What is Alteration?"**
Proceedings of the International ESAP-HYELE Conference edited by
Stefano Maso, Carlo Natali, and Gerhard Seel

HELLENISTIC PHILOSOPHY

A Life Worthy of the Gods: *The Materialist Psychology of Epicurus*
by David Konstan

THE *ENNEADS* OF PLOTINUS

With Philosophical Commentaries

Series edited by John M. Dillon and Andrew Smith

Plotinus, Ennead IV.8: On the Descent of the Soul into Bodies.
Translation with an Introduction & Commentary by Barrie Fleet

***Plotinus, Ennead V.5: That the Intelligibles are not External to
the Intellect, and on the Good.*** *Translation with an Introduction
& Commentary* by Lloyd P. Gerson

ETHICS

Sentience and Sensibility: *A Conversation about Moral Philosophy* by
Matthew R. Silliman

PHILOSOPHICAL FICTION

Pythagorean Crimes by Tefcros Michaelides

***The Aristotle Quest: A Dana McCarter Trilogy. Book 1: Black
Market Truth*** by Sharon M. Kaye

AUDIOBOOKS

The Iliad (unabridged) by Stanley Lombardo
The Odyssey (unabridged) by Stanley Lombardo
The Essential Homer by Stanley Lombardo
The Essential Iliad by Stanley Lombardo

FORTHCOMING

Aristotle's Empiricism: Experience and Mechanics in the Fourth Century B.C. by Jean De Groot

Plato in the Empire: Albinus, Maximus, Apuleius. Text, Translation, and Commentary by Ryan C. Fowler

Plotinus, Ennead I.6: On Beauty. Translation with an Introduction & Commentary by Andrew Smith

Plotinus, Ennead II.4: On Matter. Translation with an Introduction & Commentary by Anthony A. Long

Plotinus, Ennead II.5: On What Exists Potentially and What Actually. Translation with an Introduction & Commentary by Cinzia Arruzza

Plotinus, Enneads IV.3–4, 29: Problems concerning the Soul. Translation with an Introduction & Commentary by John M. Dillon and Henry Blumenthal

Plotinus, Enneads IV.1–2, IV.4, 30–45 & IV.5: Problems concerning the Soul. Translation with an Introduction & Commentary by Gary M. Gurtler

Plotinus, Ennead IV.7: On the Immortality of the Soul. Translation with an Introduction & Commentary by Barrie Fleet

Plotinus, Ennead V.1: On the Three Primary Realities. Translation with an Introduction & Commentary by Eric D. Perl

Plotinus, Ennead V.8: On Intelligible Beauty. Translation with an Introduction & Commentary by Andrew Smith

Plotinus, Enneads VI.4 & VI.5: On the Presence of Being, One and the Same, Everywhere. Translation with an Introduction & Commentary by Eyjólfur Emilsson and Steven Strange

Plotinus, Ennead VI.8: On Free Will and the Will of the One. Translation with an Introduction & Commentary by Kevin Corrigan and John D. Turner